Chez le même éditeur
Autres livres de l'auteure

Josée Boudreault et Louis-Philippe Rivard, *Rebondir après l'épreuve : Le bonheur est en nous*, Brossard, Québec, éditions Un monde différent, 2017, 224 pages.

Josée Boudreault, *Sois ta meilleure amie ! encore plus !* Brossard, Québec, éditions Un monde différent, 2015, 224 pages.

Josée Boudreault, *Sois ta meilleure amie !* Brossard, Québec, éditions Un monde différent, 2014, 204 pages.

REBONDIR
après l'épreuve

Catalogage avant publication de Bibliothèque et Archives nationales du Québec et Bibliothèque et Archives Canada

Boudreault, Josée, 1969-

Rebondir après l'épreuve : le bonheur est en nous

ISBN 978-2-89225-960-5

1. Résilience (Trait de personnalité). 2. Psychologie positive. 3. Boudreault, Josée, 1969- . – Santé. I. Rivard, Louis-Philippe, 1974- . II. Titre.

BF698.35.R47B68 2017   155.2'4   C2017-941772-X

Adresse municipale :
Les éditions Un monde différent
3905, rue Isabelle, bureau 101
Brossard (Québec) Canada J4Y 2R2
Tél. : 450 656-2660 ou 800 443-2582
Téléc. : 450 659-9328
Site Internet : http://www.umd.ca
Courriel : info@umd.ca

Adresse postale :
Les éditions Un monde différent
C.P. 51546
Greenfield Park (Québec)
J4V 3N8

Dépôts légaux : 4e trimestre 2017
Bibliothèque et Archives nationales du Québec
Bibliothèque et Archives Canada
Bibliothèque nationale de France

Conception graphique de la couverture :
OLIVIER LASSER

Photographie de la couverture :
ISABELLE VAILLANCOURT

Photos intérieures :
ARCHIVES PERSONNELLES DES AUTEURS

Photocomposition et mise en pages :
ANDRÉA JOSEPH [pagexpress@videotron.ca]

Typographie : Minion corps 12,6 sur 15 pts

ISBN 978-2-89225-960-5

Financé par le gouvernement du Canada | **Canadä**

Gouvernement du Québec – Programme de crédit d'impôt pour l'édition de livres – Gestion SODEC.

IMPRIMÉ AU CANADA

JOSÉE BOUDREAULT
et LOUIS-PHILIPPE RIVARD

REBONDIR
après l'épreuve

Le bonheur est en nous

UN MONDE ⚮ DIFFÉRENT

Sommaire

1

Bienvenue dans mon monde!

*L*a vie fsk faslfkddlk lk surprenante!

Il f e lekfqkf années, kf porfm dlsk conversation avec Josée, je osf kr kjf: « sdlf ta meilleure amie. », une phrase skf fj fd répète souvent klf-oiae, wer oosd la powrfkf lskfk-vous. Je slkf alfjkf d'une dureté lksdflskf fkasjf moi-même!

Nous fdklfw fddf emphatie fd wrc compréhension kdsofo a fklaskf afe faiblesses sda autres, kir nous lkwrl mwkr d'aider lk nkwrr mieux, kasd devant mkss plakrir faiblesses, lkr manques, lkf fafoif, lksff fragilité, lksf lsfafs physique, nous ofdslkf lakfaf laksflakfpw lkfsf extrême lkaflkfaoerk...

Ne vous inquiétez pas, votre livre n'a pas un défaut d'imprimerie. C'est simplement une petite façon de vous souhaiter : BIENVENUE DANS MON MONDE ! (*Musique joyeuse, confettis, une fanfare passe*).

Vous venez de lire la première page de mon livre : *Sois ta meilleure amie !* comme je la lis maintenant moi-même. Eh oui, lorsque je regarde la merveilleuse préface que Guylaine Tremblay m'a offerte, je reconnais des mots ici et là, mais sans plus. Et c'est toujours comme ça pour tout ce que je lis. C'est ma nouvelle réalité.

Je reconnais certains mots, mais je n'arrive plus à décoder le sens des lettres qui composent ces mots. Donc, si j'ai souvent vu un mot simple, comme disons le mot « Banane », comme vous, je n'ai pas besoin de le lire syllabe après syllabe, je le reconnais immédiatement. Mais si le mot est plus complexe ou si je ne l'ai pas vu assez souvent pour le reconnaître, je ne réussirai pas à le lire. Si je ne reconnaissais pas le mot Banane, ce serait excessivement compliqué pour moi de dire : Ba, ça fait le son « Ba » et na, ça fait le son « Na », etc. Pour l'instant, et peut-être pour toujours, j'ai perdu cette faculté de regarder les lettres qui forment un mot et d'être capable d'y donner un sens. Le français est devenu pour moi du chinois.

Bonjour, je m'appelle Josée, et je suis aphasique

Dans mon CV, je peux ajouter cette ligne :

2016 : Aphasique à temps plein !

Qu'est-ce que c'est « être aphasique » ? Eh bien selon Wikipédia : *Le mot « aphasie » vient du grec « phasis » (parole) et signifie « sans paroles ».*

Il est question d'aphasie lorsqu'un individu a perdu totalement ou partiellement la capacité de communiquer par le langage, c'est-à-dire de parler et/ou de comprendre ce qui lui est dit.

Moi, je comprends tout aussi bien qu'avant. J'aime dire que j'ai toute ma tête. Dans mon petit crâne, je suis exactement la même. Je n'ai même pas perdu mon anglais. En fait, je comprends l'anglais comme avant, mais pour ce qui est de le parler, c'est autre chose, il ne me reste que le mot « Yes » pour l'instant. Ce qui veut dire que si je rencontre George Clooney un jour et qu'il me demande de l'embrasser, je n'aurai pas d'autre choix que de dire « Yes ! » Ha, ha !

Dans mon cas, le problème ne réside pas au niveau de la compréhension, mais plutôt de l'expression. Ça peut devenir assez frustrant puisque dans ma tête, je sais absolument tout ce que je veux dire, mais entre ma tête et ma bouche, les mots se perdent quelque part. Les « maudits mots », comme je les appelle, ne veulent pas sortir !

J'ai deux façons de l'expliquer et qui aident à comprendre. Combien de gens parmi vous ne sont pas bons en dessin ? Vous voulez dessiner un cheval, vous voyez le cheval dans votre tête très clairement et il est magnifique. Mais entre votre cerveau et la main qui tient le crayon, il doit y avoir de l'interférence parce que votre cheval ressemble à un vieux chien qui s'est fait frapper par une voiture. Si vous le voyez si nettement dans votre tête, pourquoi ne faites-vous pas la même chose sur le papier ? C'est pourtant simple ! Pour moi c'est un peu ça, je sais très bien ce que je veux dire, mais la bouche comprend mal la commande.

Une autre façon de l'expliquer, c'est de comparer avec la plupart des Québécois qui parlent anglais. En général on comprend assez bien l'anglais, on se décrit comme étant bilingues. On va aux États-Unis en vacances et lorsqu'on vient pour parler, on a toutes les difficultés du monde à trouver les bons mots. Et quand quelqu'un nous donne le mot qu'on cherchait, on se dit : *Ben oui, je le sais pourtant !* Dans notre tête, on sait très bien comment faire le « TH » dans « three », mais en pratique ça sonne tout croche. Pour moi, c'est comme ça, mais avec une langue que j'ai déjà apprise et que je maîtrisais vraiment bien.

Tous les jours, mon langage s'améliore. J'ai toujours de nouveaux mots qui refont surface, mais c'est vraiment un à la fois. Ce n'est pas comme dans les films quand on voit quelqu'un qui fait de l'amnésie, il entend UNE chanson ou voit UNE photo, et tout lui revient d'un seul coup. J'y croyais au début, mais rapidement la réalité m'a rattrapée… Ça va être long, ma grande !

Pour ce qui est de la lecture, ça s'améliore aussi. J'ai l'impression que je reconnais de plus en plus de mots. On dirait que je ne le remarque pas trop, mais mon chum est souvent impressionné à quel point je peux comprendre certains petits textes, des courriels, des statuts Facebook.

Écrire c'est une autre affaire. Je m'en tiens à la liste d'épicerie, et même ça, c'est vraiment très long. Noter un numéro de téléphone qu'on me dicte, c'est difficile aussi. Est-ce que je vais écrire de nouveau un jour ? Je ne pense pas. Et savez-vous quoi ? Ça me va, j'en ai fait mon deuil. Je continue à faire mes devoirs dans l'espoir que ça s'améliore, mais je n'ai aucune attente. Si ça arrive, ce sera une très belle surprise.

Au moins je suis là ! Le reste on verra ! Vous aussi vous êtes là et vous êtes extrêmement généreux. Vous avez quand même décidé de dépenser votre argent durement gagné pour acheter le livre d'une fille qui n'est plus capable d'écrire ! Vous êtes incroyables ! (*Encore de la musique joyeuse, des confettis, la fanfare repasse*).

Mais j'ai une arme secrète, mon chum Louis-Philippe qui a pris le temps de tout mettre par écrit ce qui me passe par la tête. Grâce à lui, vous aurez des phrases compréhensibles. Merci pour sa grande patience, parce qu'il a été parfois traducteur et souvent même devin, alors que par bouts, j'essayais de lui exprimer des choses qui étaient presque énigmatiques.

2

Bonjour, je m'appelle L-P, et je suis le chum d'une femme incroyable

Josée voulait que je me présente un peu à vous, et je vais commencer par LA question que vous vous posez tous. La réponse est : 43 ans ! Oui, j'ai 43 ans ! Je suis né en 1974. Quand je suis avec Josée, j'entends constamment des gens se chuchoter bruyamment dans les oreilles : « Mon Dieu, y'a quel âge son chum ??? » (Ce n'est pas tout le monde qui comprend comment chuchoter en silence, ça a l'air) ! Alors, c'est 43 ans, ou si vous aimez mieux, 5 ans de moins que Josée. Je sais, j'ai une petite face jeune, mais je vais bien finir par ratatiner.

Dans la vie, je suis scripteur, donc j'écris de l'humour. Autant pour la télé, que la scène, la radio, quelquefois l'imprimé. Je fais ça depuis un bon 23 ans maintenant.

À 19 ans, j'ai fait l'École de l'humour comme auteur. C'est quand j'en parle que je réalise que je vieillis. J'écrivais mes textes avec une dactylo que j'avais achetée 300 $. C'était une dactylo hautement technologique, elle était dotée d'un écran noir et blanc 4-5 pouces (10-12 cm) de long sur lequel je pouvais voir au moins 7-8 mots en même temps, et elle pouvait garder en mémoire jusqu'à une quinzaine de pages. Incroyable technologie de l'ère spatiale !

Lorsque je m'étais arraché les yeux à écrire mon texte sur le petit écran, je pesais sur start, et elle se mettait à taper mon texte. Ensuite, j'ai reçu un ordinateur de Michel, mon beau-père de l'époque. Pour moi, c'était une amélioration incroyable. J'avais un gros écran… monochrome, orange et noir, avec des floppy disk (disquettes) pour sauvegarder mes précieux textes. Et là, plus besoin de mettre une feuille après l'autre dans ma dactylo, j'avais une vraie imprimante. Celles avec les petits trous de chaque côté des feuilles. Un engrenage entrait dans les trous et faisait avancer le papier. Mais ce qui était vraiment spécial, ces imprimantes-là avaient des yeux. Oui ! Elles voyaient quand tu te tenais à côté, et dans ce temps-là, elles fonctionnaient à la perfection. Mais dès que tu partais te faire un café, elles voyaient que tu avais quitté la pièce et elles en profitaient pour « débarquer » des petits trous. Donc quand tu revenais, tu avais une boule immense de papiers bouchonnés. À chaque fois tu imaginais à quel point ça ferait du bien de la tirer au bout de tes bras. C'est là que j'ai été en contact pour la première fois avec ma propre résilience.

Après l'École de l'humour, j'ai fait mon stage à l'émission Ad Lib. Eh oui, Ad Lib avec les flamants roses et tout. J'ai écrit des jeux de mots pour Jean-Pierre Coallier. C'est à ce moment-là que j'ai rencontré Paco Lebel, une des personnes les plus importantes dans ma carrière et qui m'a beaucoup aidé, sans le savoir, quand l'épreuve de Josée nous est tombée dessus.

Paco était scripteur avec Benoît Chartier qui faisait le script-édition du talk-show de fin de soirée. Paco m'a trouvé travaillant et un peu drôle, j'imagine, alors il m'a toujours aidé à avoir du travail à la suite de mon stage. Lorsque l'émission Ad Lib a tiré sa révérence, une émission qui s'appelait Chabada, avec Gregory Charles, l'a remplacée. Paco s'est retrouvé script-éditeur de ce show et m'a engagé. Après quelques mois, les patrons ont décidé que Gregory devait faire moins d'humour et plus de musique, alors ils ont remercié tous les auteurs.

Je me souviens encore de la personne qui nous a annoncé que c'était terminé : « Bon, il y a eu une décision d'enlever l'humour de l'émission, on va plutôt engager plus de recherchistes. Nous n'aurons donc plus besoin de vos services. Mais regardez, on est des gens corrects, vous êtes rentrés aujourd'hui, et là il est 11 h 30, vous pouvez partir, puis on va vous payer votre journée au complet. »

Ça a un peu changé ma définition de ce que veut dire être quelqu'un de « correct », mais bienvenue dans le monde de la télévision ! Ha, ha !

Paco, qui connaissait plus de gens que moi, s'est retrouvé sur l'émission L'Écuyer et dès qu'il a pu, il m'a fait rentrer sur le show. Ensuite, c'est encore grâce à lui si j'ai collaboré à l'émission Le Poing J, avec Julie Snyder. Pendant des années, les gens ne pouvaient imaginer Paco sans moi, et vice-versa.

Vous saurez plus tard pourquoi Paco fut si important pour moi dans l'épreuve.

Avec le temps, j'ai travaillé sur un paquet d'autres projets. J'ai collaboré à quelques émissions avec Véronique Cloutier, j'ai fait du sitcom comme 450, chemin du Golf avec François Massicotte et Sylvain Marcel, le super voisin fatigant. J'ai écrit pour les ados lorsque Canal Famille est devenu Vrak TV sur une émission qui s'appelait Réal-It où on a entre autres découvert Stéphane Bellavance. J'ai fait Taxi 0-22, Les Boys, j'ai écrit des galas Gémeaux, une quinzaine de galas Juste pour rire et Le Grand Rire, trois Bye Bye et un tas d'autres bébelles bonnes et parfois mauvaises.

J'ai aussi eu la chance d'écrire avec des humoristes fantastiques comme Michel Barrette, P-A Méthot, Dominic Paquet, Marc Dupré, Véronic Dicaire, Jean-Michel Anctil, Peter MacLeod et plusieurs autres.

Peter MacLeod est le premier humoriste avec qui j'ai travaillé. Nous nous sommes rencontrés quand j'avais 20 ans et nous avons eu un coup de foudre personnel et professionnel. Nous avons écrit son premier spectacle ensemble et on ne s'est jamais quittés: 23 ans plus tard, nous en sommes à notre 5e spectacle avec environ 900 000 billets *vendus. En plus, Stéphane Ferland, l'agent et producteur de Peter à l'époque, produisait aussi Lise Dion et Michel Barrette, c'est grâce à lui que j'ai commencé à travailler avec eux.*

Merci à Stéphane Ferland qui m'a donné une belle confiance en moi à mes tout premiers débuts, en me vantant toujours à tout le monde en disant que j'étais le meilleur scripteur à Montréal. Il était tellement convaincant que même moi je me suis mis à le croire.

De nos jours, je fais de la télé exclusivement pour la boîte Productions KOTV qui appartient, entre autres, à Louis Morissette avec qui j'adore travailler, et je suis aussi chauffeur, organisateur de tournée, et traducteur interprète de ma belle Josée.

Écrire ce livre

Josée parle de ma grande patience, elle est très gentille lorsqu'elle parle de moi, mais je veux vous dire à quel point j'ai aimé écrire ce livre avec elle. En fait, nous avons adoré écrire ce livre ensemble.

Rebondir après l'épreuve est un travail d'équipe, ou plutôt un travail d'amour. Josée est l'inspiration et tout le contenu, comme dans les autres livres qu'elle a écrits auparavant, mais maintenant elle a besoin de quelqu'un au clavier qui peut traduire sa pensée et trouver les mots qu'elle aurait utilisés s'ils ne se perdaient pas en chemin entre le cerveau et sa bouche. Ensemble, on prend le temps et Josée réussit à absolument tout exprimer ce qui lui passe par la tête.

On s'assoit ensemble le soir, on jase, on décortique l'épreuve que nous vivons et nous essayons de trouver pourquoi le bonheur n'a pas décidé de nous quitter malgré les difficultés.

Nous adorons être ensemble et cette épreuve met sur notre chemin de beaux moments que l'on partage à deux. Ce livre, nos conférences, les soirées-bénéfice avec la Fondation des maladies du cœur et de l'AVC sont tous de belles aventures qui nous permettent de faire un pied de nez à l'épreuve. On n'a pas fini d'avoir du fun ensemble !

Je me trouve chanceux que Josée ait accepté de me faire entrer dans son monde. Je ne pensais jamais faire des conférences et j'ai toujours admiré la détermination qui l'animait et la motivait à foncer pour se tailler une place dans ce domaine. Elle s'était créé un projet inspirant où elle pouvait communiquer sa joie de vivre aux gens. Elle revenait remplie d'un je-ne-sais-quoi après ces rencontres. Moi je restais à la maison, m'occupais des filles et prenais une petite bière tranquille en attendant son retour.

J'ai toujours trouvé cette femme impressionnante. Je ne me suis jamais habitué à sa présence. Lorsque je la vois entrer à la maison, même après 13 ans, j'ai toujours un genre de petit sourire niais sur mon visage. Souvent je lui jase en la suivant comme un « petit chien de poche » dans la maison, je suis quasiment énervant.

Ce livre a donc été écrit dans le bonheur. Il nous permet de partager avec vous les événements qui ont bouleversé notre vie et comment Josée s'en sort en gardant le sourire. Si ce livre vous fait sourire, rire ou vous inspire…

cela donnera un sens à notre épreuve. L'AVC n'aura pas gagné!

Peter MacLeod, Cupidon malgré lui

Si j'ai rencontré Josée, c'est grâce à Peter MacLeod. Eh oui. Qui aurait cru que MacLeod cachait un petit côté Cupidon?

J'ai commencé à travailler avec Peter quand j'avais 20 ans. Nous avons écrit tous ses spectacles ensemble. En 1999, on lui a offert d'animer l'émission du midi à CKMF 94,3 à Montréal. Peter voulait trouver une coanimatrice qui serait drôle, rapide, et qui… ne s'offenserait pas trop facilement. Il a tenu des auditions, rencontré plusieurs excellentes animatrices, et après une de ces rencontres, il m'appelle, super enthousiaste: «Louis-Phil! J'ai trouvé! Elle est écœurante! Elle est super drôle, tu vas l'adorer, elle s'appelle Josée Boudreault!»

Peter ne se doutait pas qu'il ne venait pas seulement de trouver une coanimatrice pour le show, il venait de trouver la femme de ma vie.

Je ne connaissais pas du tout Josée. Elle avait fait de la télé et de la radio à Trois-Rivières, ma ville natale, mais je crois qu'elle y avait atterri pas mal en même temps que moi j'avais quitté.

Dès que j'ai rencontré Josée, elle m'a impressionné. Elle avait une rapidité d'esprit sans pareille. C'était une vraie tornade. Mais Josée croyait que je ne l'aimais pas. J'avais 25-26 ans et j'étais un gars avec un problème de timidité. Elle dit que je ne la regardais même pas dans les yeux. C'est très possible. Elle m'a même révélé qu'elle avait déjà dit à Peter : « Coudonc, ton Louis-Phil, il va-tu me parler un moment donné ? »

Moi, j'étais du genre à tourner autour du pot lorsque j'avais quelque chose de délicat à dire à quelqu'un, j'évitais toute confrontation. Josée c'est l'honnêteté. Avec elle, il n'y avait pas de gants blancs, c'était rapide et clair. C'est quelque chose que je ne connaissais pas du tout. Mais savez vous quoi ? C'est exactement ce que j'ai appris à aimer de Josée. Cette grande franchise. Si elle te dit qu'elle t'aime, elle t'aime vraiment. Tu n'as pas à douter. Josée est transparente. Pose-lui seulement une question si tu es prêt à entendre la réponse, sinon ça peut être surprenant.

Un jour, Peter a eu une idée qui semblait excellente. Il a dit à Josée qu'elle devrait faire de la scène, il trouve qu'un talent d'humoriste dort en elle. Il propose donc qu'on lui écrive des textes et que son agent la produise. Josée n'hésite pas à sauter sur cette idée qui l'allume.

Josée dit souvent que ça n'a pas marché pour elle en humour, eh bien ce n'est pas vrai. Elle excellait vraiment ! Elle a eu de très bons numéros à Juste pour rire qui lui ont toujours valu des « standing ovations ». Elle avait une énergie peu commune sur scène. Et puisqu'elle improvisait vraiment bien avec les gens, nous avions décidé de la faire commencer le spectacle en entrant par le fond de la salle, ce qui lui permettait de jaser avec les gens. Ça prenait du courage pour oser commencer un show avec de l'impro. Mais tous les soirs, elle nous surprenait.

Cependant, la maison de production qui s'appelait Octant, et qui était une des plus grosses boîtes de productions de spectacles au Québec, a fait faillite alors que la tournée de Josée était à ses tous premiers débuts. Eh non, ça n'avait absolument rien à voir avec sa vente de billets. Les problèmes étaient ailleurs dans la compagnie.

Sa tournée s'est terminée beaucoup trop tôt, et c'est quand même triste, parce que je suis encore convaincu que si elle avait persévéré, elle aurait été une grande humoriste. Mais en même temps, je crois que cette expérience l'a initiée à la scène et l'a sûrement aidée à devenir une grande conférencière.

La tournée s'est interrompue, mais tout le temps qu'on a passé ensemble à écrire et à rouler en voiture pour aller faire du rodage a vraiment cimenté notre amitié. On jasait de sujets plus légers sur la route et on approfondissait certains sujets plus sérieux autour de quelques bières après les spectacles. Mais à ce moment-là, ni l'un ni l'autre n'a pensé que cette relation pourrait se développer en autre chose qu'une grande amitié.

Nous étions deux innocents qui n'ont rien vu venir. On rit encore quand on pense à la tournée, alors qu'après le spectacle, nous allions prendre un verre... ou deux... souvent trois, et qu'après avoir ri et passé une belle soirée ensemble, nous allions nous coucher chacun dans notre chambre d'hôtel. Maintenant, on appelle ça, le « grand gaspillage ! » Quand on y repense, on trouve qu'on a vraiment perdu de belles nuits qu'on aurait pu passer ensemble, mais... on s'est repris.

Embrasse ta meilleure amie

Josée a écrit: Sois ta meilleure amie! *Moi je pourrais écrire:* Embrasse ta meilleure amie.

C'est arrivé au mois de mars, il y a 13 ans environ. Josée avait une activité avec des auditrices de CKMF. Pour la Journée internationale de la femme, elles allaient en gang au fameux bar de danseurs nus Le 281 – Cabaret Érotique. Quelle belle façon de fêter la femme, n'est-ce pas? Moi je n'avais pas un grand intérêt pour Le 281, mais je ne voulais pas manquer une occasion d'être avec Josée. On avait donc décidé qu'après le spectacle des tout nus huilés, nous allions nous rejoindre dans un bar sur Crescent avec quelques autres personnes qui travaillaient avec nous.

Ce soir-là, j'ai fait quelque chose que je ne fais jamais d'habitude: j'ai dansé! Faut vraiment qu'il y ait une très belle femme dans la pièce pour que j'ose faire ça. Mais Josée dansait alors je me suis donné en dissimulant parfaitement le fait que j'étais mal à l'aise. Et au cours de la soirée, Josée et moi, ça nous a pris en même temps, on voulait s'embrasser. Mais on ne trouvait pas de «cachette», partout où on allait, quelqu'un du travail apparaissait. Je me souviens que Josée me regarde avec ses yeux tannants et me dit: «Où est-ce qu'on pourrait faire ça?»

Fin de soirée, nous prenons un taxi pour aller manger au Club Sandwich qui se trouvait sur Sainte-Catherine, et là, sur la banquette arrière de ce véhicule qui sentait un peu bizarre, Josée me saute sur la bouche! Ce fut… ordinaire. Eh oui, on aime en rire, mais ce n'était vraiment pas super. Je crois que c'était l'alcool, mais Josée n'avait pas tous ses talents de «frencheuse» avec elle… d'habitude, elle est très compétente dans ce domaine, c'est une de ses plus belles qualités. Ha, ha!

Mais… elle s'est reprise de grande façon. Le 2e round de «frenchage» a eu lieu dans le hall d'entrée du resto. Nous avons essayé de nouveau… juste au cas où ce serait meilleur et… ce fut extraordinaire.

Nos filles peuvent se dire qu'elles sont sur la Terre grâce au hall d'entrée du restaurant Le Club Sandwich.

L'amitié a rencontré l'amour et ces deux éléments sont explosifs. J'étais accro. Je ne l'ai plus lâchée, ma Josée. Tous les deux on a su qu'on avait trouvé LA personne.

Beaucoup de gens disent que lorsqu'on tombe dans la «friend zone», ce n'est plus possible de tomber en amour. Eh bien je n'y crois aucunement, au contraire. Quand tu embrasses enfin ta meilleure amie, la femme que tu aimes le plus au monde pour ce qu'elle est à l'intérieur, ça fesse.

Je ne pouvais plus me passer d'elle comme amie, alors imaginez quand la dimension amoureuse s'est ajoutée. Depuis ce temps, c'est la femme qui me donne des papillons chaque fois que je la vois arriver à la maison.

Pourquoi j'aime tant Josée?

J'aime Josée pour un paquet de raisons.

J'aime quand je me couche dans le lit une heure après elle, et sans se réveiller, elle se colle instinctivement contre moi, sa chaleur rassurante m'endort en quelques minutes.

J'aime comment le vendredi vers l'heure du souper, je vois dans ses yeux qu'elle a juste hâte que je lui dise : « J'ai fini de travailler, on se prend-tu une bière ? »

J'aime comment elle dit toujours un beau bonjour aux gens qu'elle croise un peu partout. Si elle remarque que quelqu'un la reconnaît, elle va toujours le saluer comme si c'était un grand ami.

J'aime comment elle décore la maison. J'adore quand elle revient avec un nouvel élément de décoration que je ne comprends pas, et lorsqu'elle le place au bon endroit, il prend tout son sens.

J'aime comment elle a le don de salir ses vêtements lorsqu'elle mange, mais toujours à la toute dernière bouchée. Une bouchée de moins et elle était propre.

J'aime lui faire une blague et la voir exploser de rire. Ce n'est pas un rire délicat, je l'avoue ! Mais il a la qualité d'être très contagieux.

Je l'aime même lorsqu'elle ne rit pas une de mes blagues et me dit : « Celle-là était moins bonne. »

J'aime son Saguenay et ses gens si chaleureux.

J'aime qu'elle pleure lorsqu'une émission de télé l'émeut. Que ce soit La Voix, L'amour est dans le pré… ou n'importe quoi. Elle pleurerait en regardant Barmaids et je ne serais pas surpris.

J'aime ses beaux yeux bruns pleins d'amour. J'aime ses doigts et comment, juste en me replaçant une petite mèche de cheveux, elle peut me donner des frissons.

J'aime ses petites paupières rouges lorsqu'elle est fatiguée.

J'aime être en sa présence et à quel point elle fait de moi une meilleure personne.

J'aime comment elle m'intimide lorsqu'elle se met belle pour sortir parce que j'ai l'air d'un petit gars à côté de cette vraie femme.

Je l'aime parce qu'elle m'a fait les plus belles filles. Anabelle et Flavie sont le plus beau cadeau que j'ai reçu dans ma vie. Juste pour cette raison, je lui dois tout.

J'aime qu'elle m'aime inconditionnellement et qu'elle trouve même des avantages à mes défauts.

Je l'aime pour 1000 raisons de plus, et je trouve mon bonheur en sachant que l'AVC n'a pas réussi à enlever une seule chose que j'aime de ma blonde. Il m'a seulement rajouté une couche d'admiration, alors que je croyais déjà être au maximum.

Je l'aime et j'aime la vie qui a décidé de nous laisser ensemble encore un peu.

3

Le 1er juillet 2016

Le 1er juillet 2016… cette date…

Une date qui nous fait réaliser que la vie est fragile. On est bien peu de chose et ce n'est pas nous qui décidons. Une date qui fait peur, mais aussi une date qui peut donner le goût de vivre encore plus. Le 1er juillet 2016… je suis incapable de dire cette date sans qu'elle soit accompagnée d'un grand frisson. Une date en plein été qui glace désormais le sang.

Le bonheur des vacances en famille

Mon chum et moi adorons passer du temps avec nos filles. Et depuis la naissance d'Anabelle, le 17 décembre 2007, chaque mois de juillet nous prenons congé en même temps pour profiter de leur présence.

Nous avons souvent loué des condos en Caroline du Sud et en Floride. Ah la Floride! Nous louions dans une petite ville qui s'appelle: Palm Coast et qui se situe en plein entre Daytona et Ste-Augustine. Pendant deux ans de suite, nous avons loué avec un couple d'amis ce que nos enfants appelaient «La Maison jaune». Nous sommes très attachés à ces souvenirs de voyage avec nos petites.

En 2015, Anabelle qui adore voyager rêvait de voir la Statue de la Liberté. Pour notre voyage d'été, nous nous sommes donc dirigés vers New York où elle a pu monter dans la fameuse statue et ensuite nous nous sommes rendus à Atlantic City pour voir la plage.

En 2016, Anabelle, notre exploratrice parlait de voir la Maison-Blanche à Washington. Elle disait même qu'elle voulait la voir avant que Donald Trump soit élu. Nous n'avons aucune idée où elle a entendu ça, mais c'est comme si elle savait déjà quels seraient les résultats de l'élection.

Nous avons planifié nos vacances d'été plusieurs mois d'avance. On aime en parler aux filles pour qu'elles puissent avoir hâte. Mon chum, lui, passe des heures et des heures sur Internet à s'informer, à magasiner, à changer d'idée. Moi je le laisse aller et je fais semblant de l'écouter jusqu'à ce qu'il me dise que c'est fait et qu'il a effectué un dépôt; parce que ça change constamment et je viens toute mêlée. Il peut changer d'idée 50 fois. Donc, une journée avant le départ je lui demande: «Pis, c'est où qu'on va?»

Finalement, après des mois de réflexions, mon chum a pris une décision et nous avons loué un condo dans une ville qui s'appelle Sandbridge en Virginie, à 20 minutes au sud de Virginia Beach. Un beau petit condo qui avait comme thème : les Sirènes. En fait, la propriétaire avait mis des décorations de sirènes à la grandeur de l'endroit. Mon chum l'a choisi pour faire plaisir aux filles. Je me souviens lui avoir demandé : « Pourquoi tu as choisi ce condo-là ? Pour la grandeur ? La proximité de la plage ? » Il m'a répondu : « C'est à cause des sirènes. Il y a des sirènes partout. » Il m'a fait rire. Il pense toujours aux filles.

Nous allions nous rendre là-bas en voiture et nous avons décidé de faire plusieurs arrêts en route, ça allait donc nous prendre 3 jours. Vous devez vous dire : *Ah, prendre 3 jours pour faire 15 heures de route, c'est pour ne pas que les filles se tannent en voiture ?* NON ! C'est moi qui me tanne avant elles. Ha, ha ! C'est vrai. Après 5 ou 6 heures d'auto, j'en ai assez, il faut qu'il se passe quelque chose sinon je deviens comme un enfant qui répète sans cesse : « Quand est-ce qu'on arrive ? »

Et puisque je n'écoute pas trop mon chum quand il me dit où on va, c'est vrai que je ne sais pas du tout « quand on arrive ».

Le grand départ

Le 30 juin, nous sommes vraiment excités. On se lève tôt, Louis-Philippe met tous les bagages dans l'auto, et lorsque tout est fait, il est 7 heures et il réalise qu'il a le temps d'accomplir une dernière tâche. Il va sur Internet et décide d'aller voir le prix des assurances voyages. Il en coûterait 120 $ pour la semaine, pour assurer toute la famille. Il se dit : *Je vais en prendre une, au cas où une des filles se casserait un bras autour de la piscine.* Vous savez, des fois, de minuscules décisions peuvent changer le cours de l'histoire ? Eh bien cette décision de prendre une assurance voyage fait partie de cette catégorie.

7 h 30, nous quittons Boucherville pour l'aventure. J'adore ces moments, quand on sait que tout commence. La seconde qu'on est officiellement en vacances et que la fin ne sera jamais aussi loin. On a l'impression que ça ne finira jamais. Les fillettes sont assises sur la banquette centrale du gargantuesque Chevrolet Suburban de mon chum, avec tout l'équipement nécessaire pour leur permettre de ne pas trouver la route trop longue, et que le voyage passe plus facilement et rapidement. Elles ont leurs oreillers, leurs couvertures, un iPad qu'elles doivent se partager… c'est dangereux pour les chicanes, mais en général elles réussissent à se négocier du temps de tablette électronique qui fait l'affaire de chacune. Elles ont du papier, des crayons, des livres, des toutous. On ne devrait manquer de rien. On jurerait que mon chum a vidé la maison pour remplir son camion.

Mon ado de 15 ans, elle, est sur la troisième banquette pour avoir son intimité. Elle met des écouteurs sur ses oreilles et « part dans son monde ». Pendant les prochaines heures, la seule façon de lui parler sera de crier à tue-tête et d'espérer que notre voix va réussir à se frayer un chemin pendant la seconde de silence qui se passe entre deux chansons.

Moi, c'est simple. Tout ce que j'ai, c'est mon petit café et mon sourire. C'est le bonheur à l'état pur. Juste être ensemble 24 h sur 24 et profiter de notre présence. Arrêter le temps… on dirait que nos filles arrêtent de grandir pendant cette semaine parce qu'on n'est pas dans le train-train du quotidien qui fait que le temps file trop vite entre nos mains.

Rapidement, nous passons les douanes. La route devient moins cahoteuse et plus silencieuse. Les filles sont bien impressionnées qu'on soit dans un autre pays où tout le monde parle anglais. Pour elles, on est vraiment très, très loin, mais on est juste à 45 minutes de la maison… Mon café est encore trop chaud pour le boire.

Nous roulons dans l'État de New York jusqu'au Woodbury Common Premium Outlets, à Newburgh. Un endroit magique et presque de perdition pour toutes les « magasineuses » compulsives. Heureusement, je ne souffre pas de cette maladie. Donc, quelques robes d'été pour les filles, et nous repartons. Mon chum et moi voyageons de la même façon, pour nous, la récompense d'une journée de route, c'est de ne pas rouler trop tard, de trouver un petit restaurant où on peut manger quelque chose de bon, et surtout de prendre un petit verre ensemble. Vers 17 h, mon chum commence à regarder où nous pourrions nous loger pour la nuit et il me parle d'une petite ville pas très loin qui s'appelle Princeton.

Son choix s'arrête sur cet endroit parce que c'est une ville universitaire.

Donc, ce sera sûrement joli et il y a de fortes chances d'y dénicher de beaux petits restaurants dans le coin de l'université.

Il nous trouve un hôtel avec une chambre à deux lits queen au Westin Princeton at Forrestal Village. Un bel hôtel avec une piscine, donc nos filles sont contentes. En plus, elles adorent entrer dans une nouvelle chambre d'hôtel et la découvrir, d'autant plus que, contrairement à la maison, elles ont le droit de sauter sur le lit.

Après nous être installés, nous allons marcher dans les alentours et découvrons une petite terrasse sympathique. Le restaurant Tre Piani qui sert des mets italiens et méditerranéens. Nous trouvons l'endroit très agréable parce qu'il fait beau, nous pouvons manger à l'extérieur, sur la terrasse, et il y a un grand espace avec une fontaine où les filles peuvent aller courir un peu et jouer en attendant leur repas.

Ce souper était parfait à tous les points de vue. Nous étions assis dehors avec un bon verre de vin blanc juste assez frais. Nos filles ont pris leur traditionnel drink Shirley Temple. De la même façon qu'il y a des passionnés de vin qui savent tout de tous les cépages, nos filles peuvent vous dire où se trouve le meilleur mélange de 7 Up et sirop de grenadine en Amérique.

Après le souper, nous continuons de siroter tranquillement notre bouteille. Tout est toujours parfait.

Nos filles, les meilleures amies du monde

Je mets l'histoire « sur pause » pour faire une petite parenthèse. Je dois vous parler de la relation que nos filles ont ensemble. Ce sont les meilleures amies du monde. Elles ont tellement de plaisir toutes les deux. Nous savons fort bien qu'un jour, cette magie risque de disparaître. Pour l'instant, Anabelle éprouve un réel plaisir à inventer des jeux et d'avoir quelqu'un qui la suit dans n'importe laquelle de ses idées. Pour Flavie, c'est comme si elle vivait avec sa G. O. privée. Elle adore les idées de sa grande sœur et embarque dans presque tout. Elles sont toujours en train de s'inventer des mondes et se raconter des histoires. Leur amitié est une des plus belles choses pour moi et mon rêve le plus cher serait qu'elles soient de grandes amies toute la vie.

Pour l'instant, nous prenons toutes les images mentales possibles des deux sœurs ensemble puisqu'on sait très bien que la petite Anabelle entrera, d'ici quelques années, dans la préadolescence et que la Flavie de neuf ans à ce moment-là deviendra peut être malgré elle la fatigante qui entre constamment dans sa chambre.

Un moment de pur bonheur

Pour mon chum et moi, les moments de pur bonheur sont simples. Regarder nos filles jouer ensemble tout en placotant de tout et de rien. Un petit verre de vin qui descend tranquillement. Ça ne nous prend pas vraiment plus que ça dans la vie pour être totalement heureux.

Alors nous vivons un moment de pur bonheur sur la terrasse de notre petit restaurant italien. Les filles décident d'aller préparer un spectacle de danse. En fait, leur plaisir est de répéter le spectacle, elles nous le présentent rarement, mais les répétitions se multiplient. Alors pendant que Louis-Philippe et moi sirotons notre pinot grigio, elles sont autour de la fontaine un peu plus loin et elles s'inventent des chorégraphies. En plus, elles portent la même robe toutes les deux. L-P et moi sommes en admiration devant nos filles. Elles sont belles, elles sont drôles et elles sont des amies. Pour nous, ce moment est absolument parfait.

Nous avons bu avec plaisir la bouteille de vin au fil des danses. Un petit dessert pour féliciter les deux danseuses qui se sont données pour nous divertir et nous faisons une belle marche vers l'hôtel.

On irait bien se coucher, mais… nous avions promis une baignade. Les filles insistent et je ne suis pas trop difficile à convaincre. Pourquoi pas, on met les maillots ! On est en vacances ! La piscine était impressionnante pour les filles puisque la moitié était à l'intérieur et l'autre moitié à l'extérieur. Pouvoir passer de l'intérieur à l'extérieur sans sortir de la piscine… pour elles, c'était incroyable. Même l'ado avait délaissé le Wi-Fi de la chambre pour venir se baigner avec nous, il y avait de toute évidence quelque chose de magique dans l'air.

Dans la piscine, sous un magnifique ciel étoilé, nous avons arrêté le temps. J'ai dit aux filles : «On s'arrête et on regarde comme c'est beau. Regardez le ciel.» Et pour la première fois, tout le monde a pris le temps de

le faire. Même ma grande de 15 ans qui trouve ça généralement ben niaiseux est venue se coller. Nous avons
tous arrêté le temps et nous avons apprécié le moment
que nous vivions. Nous avons dit merci à la vie pour la
chance… la chance d'être ensemble et de pouvoir vivre
de beaux moments comme ceux-ci.

La baignade terminée, nous savons que les filles
vont vraiment bien dormir. Nous retournons à la
chambre, emballés de notre journée. Celle qui était
censée être la journée la plus « ennuyante » du voyage
s'était transformée en journée parfaite.

Bonne nuit, dormez bien

Dans la chambre, je me couche dans un des deux
grands lits avec Chloé, mon ado, alors que L-P prend
l'autre lit avec Anabelle et Flavie, les deux plus jeunes.
Je le vois encore, sur le bord du lit, un peu inconfor-
table, à deux doigts de rouler par terre, mais il veut laisser le plus de place possible aux poulettes. Je m'endors,
il doit être 23 h. Je suis bien et heureuse. Je devais avoir
un immense sourire sur le visage, repassant toutes les
belles images de notre superbe journée. Je ne me souviens pas, mais je suis certaine que j'ai dû m'endormir
avec mes filles qui dansaient dans ma tête.

4 h du matin…

… Qu'est-ce qui se passe… ?

… Je me sens bizarre…

… Voyons…

… Les filles ne dansent plus dans ma tête…

… Il fait noir…

Quelque chose n'est pas normal… Je dors encore? Je suis réveillée? Je ne sais plus. J'appelle Louis-Philippe… Les sons ne sortent pas… Je crie: «À l'aide…» Je l'entends dans ma tête… mais pas un mot n'est émis… Comment ça se fait? Est-ce que je suis vraiment ici?

Louis-Philippe entend du bruit, se réveille et ouvre la lumière.

— Ça va, ma belle?

— Mmhmh…

— Ça va?

— Mmhmh…

L-P me fait lever du lit, je n'ai plus d'équilibre, il y a des parties de mon corps que je ne sens plus. Je me tiens comme je peux, les deux mains sur le rebord du lit. Il me frotte, me demande si ça va mieux. Pour seule réponse, mon regard confus. Je n'ai aucune idée de ce qui se passe, lui le sait depuis l'instant même où il a allumé la lumière, mais il est encore dans le déni.

Il vit dans l'espoir de peut-être se tromper. Peut-être que je suis prise dans un rêve, je vais me réveiller et tout va bien aller. Ou peut-être que j'étais mal couchée et que je suis engourdie. Il a hâte que tout revienne à la normale et qu'il puisse me dire: «Fais-moi pu jamais ça, tu m'as tellement fait peur.»

Il me demande constamment: «Est-ce que ça va mieux? Et après une trentaine de secondes, il doit se rendre à l'évidence, ça n'ira pas mieux. Il sait que je fais un AVC, mon cerveau manque d'oxygène et chaque seconde qui passe lui vole une partie de la Josée qu'il connaît. Et oui, 30 secondes au maximum se sont écoulées entre le moment où il se réveille et qu'il décide d'appeler le 911; 30 secondes qui m'ont paru des heures. Tout semblait se dérouler tellement lentement. Les filles commencent à se réveiller et se demandent pourquoi leur maman est couchée sur le plancher

Louis-Philippe les rassure en leur disant que maman a un petit problème. Il demande à ma Chloé de s'asseoir avec moi par terre et de me caresser un peu pour me rassurer pendant qu'il appelle la réception de l'hôtel pour avoir de l'aide.

Il me regarde, et ne cesse de me réconforter. Je suis confuse, mais pas assez pour ne pas avoir peur. Qu'est-ce qui se passe avec moi? La chose la plus rassurante est le regard de Louis-Philippe, en contrôle, qui me dit: «Ça va bien aller, ma belle. Tout va être correct.»

Il rassure aussi les filles: «Bientôt y'a plein de gens qui vont entrer dans la chambre pour venir aider maman. Ça va bouger beaucoup, mais c'est tous des gens très gentils. Papa va partir avec maman en ambulance et vous, vous allez rester dans la chambre avec Chloé. Demain on va s'appeler, puis on va voir ce qu'on fait.»

4

On accélère, on freine, on rebondit…

Louis-Philippe dit qu'un des moments très difficiles a été d'attendre les secours. Ces sept ou huit minutes avant que les ambulanciers arrivent sont une réelle torture. Il me caresse, me regarde dans les yeux, me sourit, tout ça avec un grand calme, alors qu'à l'intérieur il vit le pire moment de sa vie. Est-ce qu'il va perdre sa blonde, et est-ce que les filles vont voir leur mère mourir sous leurs yeux dans une chambre d'hôtel du New Jersey? Je sais que ce moment a été même plus difficile pour lui que pour moi. Lui, il avait toute sa tête et savait très bien ce qui se passait… et tout à coup…

… la chambre est envahie. Les agents de sécurité de l'hôtel, suivis des ambulanciers. Louis-Phil a dû être si soulagé de ne plus être seul, de sentir qu'on me prenait en charge, que tout ne reposait plus sur ses épaules.

Dans l'ambulance, tout au long du voyage, je regarde Louis-Philippe et il comprend ce dont j'ai besoin. Encore une fois, je ne veux qu'être rassurée. Il me dit constamment que ça va bien aller et je suis réconfortée… pendant 10 secondes. Ensuite, j'ai besoin qu'il me le dise de nouveau.

On me rentre des tubes à oxygène dans le nez, on me branche sur des machines. Louis-Philippe se fait poser un paquet de questions… Est-ce que j'ai des allergies? Des problèmes cardiaques? Est-ce que je prends des médicaments? Il me regarde constamment et ne perd jamais son sourire, quand je le regarde j'ai presque l'impression qu'on fait quelque chose d'amusant. Rien ne semble grave. Il prend ma main, me flatte le front. Mais je le connais, à l'intérieur il vit une tornade d'émotions.

À travers tout cela, enfin une première nouvelle positive. Les ambulanciers expliquent à L-P que nous sommes à 20 minutes de la ville de New Brunswick où se trouve le Robert Wood Johnson Hospital, un endroit qui se spécialise dans le traitement des accidents vasculaires cérébraux. Si nous avions logé une heure plus loin, dans les campagnes de la Pennsylvanie, nous aurions été transportés à un hôpital qui nous aurait ensuite transférés à l'endroit où l'on va. On ne pouvait pas mieux tomber dans les circonstances. Louis-Philippe avait choisi par hasard la meilleure ville possible pour que je fasse un AVC.

Nous roulons à toute vitesse... puis ça freine fortement, nous passons par-dessus des rails de chemin de fer. Nous accélérons à nouveau, freinons brusquement, encore des rails. L'ambulance rebondit durement... les instruments médicaux aussi. Un des ambulanciers crie à tue-tête au conducteur d'être moins brusque. C'est interminable. On a droit à 20 minutes d'accélération, de freinage et de sauts par-dessus des rails.

Peut-être pour la dernière fois...

Entrée à l'hôpital, tout va toujours très rapidement. Les gens s'affairent autour de moi et immédiatement, on me sépare de Louis-Philippe qui me dit : « À tantôt, ma belle ». Moi, je ne le réalise pas, mais lui le sait : c'est peut-être la dernière fois qu'on se voit. Le vide qu'il ressent est énorme alors qu'il me regarde disparaître au bout du corridor. Il ne peut croire que notre aventure se termine déjà si rapidement, avec de jeunes enfants, alors que notre bonheur est au maximum.

Une préposée à l'accueil lui apporte une pile de papiers qu'il n'a pas le temps de lire, mais il comprend vite que la signature de toute cette paperasse va permettre au personnel médical de faire tout ce qui est en leur pouvoir pour me sauver. Il ne lit que quelques mots et signe rapidement le tout.

Après plusieurs minutes d'attente, un médecin dans la soixantaine extrêmement rassurant, avec ses années d'expérience à traiter des cas comme le mien, est venu le voir. Il a expliqué qu'effectivement, c'était un AVC assez grave. «Votre femme a un caillot quand même assez gros qui s'est logé dans une artère du côté gauche du cerveau, donc la partie qui contrôle le langage. Nous ne pouvons dissoudre le caillot avec un médicament. C'est seulement possible de le faire dans les trois premières heures d'un AVC. Puisque c'est arrivé dans la nuit, nous estimons que lorsqu'elle s'est réveillée, ça faisait environ quatre heures que c'était commencé. À partir de trois heures, il commence à y avoir des hémorragies et si on donne un anticoagulant, nous risquons d'aggraver le problème.

«Donc en mots simples, ce que nous allons faire s'appelle une thrombectomie. Cela consiste à passer un cathéter par une artère à partir de la hanche droite. Nous allons monter dans cette artère jusqu'au cœur et aller ensuite jusqu'au cerveau dans l'artère qui est bouchée. De cette façon, nous pourrons enlever le caillot manuellement avec le cathéter. C'est une opération qui se déroule généralement très bien, nous la faisons plusieurs fois par jour. Cependant, nous ne savons pas dans quel état elle sera à son réveil. Il va y avoir des séquelles, c'est certain. Mais pour l'instant, nous allons essayer de faire de notre mieux pour retirer ce caillot et nous verrons ce que sera la suite des choses.»

Louis-Philippe m'a raconté quelque chose de tellement beau. Il m'a expliqué qu'avant que le médecin parte pour m'opérer, il n'a pu s'empêcher de lui parler de moi. Il lui a dit: «Je sais que vous ne la connaissez pas, mais cette femme-là est vraiment spéciale. C'est une animatrice de radio, elle fait des conférences, elle parle beaucoup. C'est une des personnes les plus intelligentes que j'ai rencontrées dans ma vie. Je sais que vous fournissez les mêmes efforts pour tout le monde, mais je veux que vous le sachiez. Vous devez vraiment faire tout ce qui est humainement possible pour qu'elle s'en sorte. Vous allez voir quand elle va se réveiller, vous allez comprendre, parce que vous aussi, vous tomberez en amour avec cette femme. »

Je crois que ça a rassuré Louis-Philippe de pouvoir lui souligner ça.

Les trois heures d'attente de L-P

À partir de ce moment, je suis endormie, je ne me rends plus compte de rien. Mon chum, lui, est dans ce qu'il décrit comme une des pires expériences de sa vie. Il l'appelle : les trois heures d'attente.

Voici comment il décrit ce moment où il attendait un résultat qui changerait fort probablement la vie de notre famille à tout jamais.

Les trois heures d'attente...

Trois heures dans une salle, avec d'autres personnes qui attendent tous la même chose: des nouvelles. Tout le monde a le même langage corporel. On est assis sur un divan, personne n'est assez relax pour avoir le dos accoté au dossier. On est tous assis sur le rebord de l'assise, le dos courbé par en avant. On regarde le plancher. Tout le monde a vécu quelque chose de soudain. Dans cet endroit, on ne traite que les AVC et les crises cardiaques. Tu sais que tout le monde pense à la même chose. On voit notre vie de couple passer devant nos yeux, on pense à ce qu'on a vécu et ce qu'on ne revivra peut-être plus. Aussi, en boucle, notre cerveau ne peut s'empêcher de repasser sans cesse la scène traumatisante qu'on a vécue dans la dernière heure.

On voudrait arrêter d'y penser, mais c'est car-rément impossible. Tu penses au passé et au futur en même temps. Le cerveau nous bout littérale-ment. Dans cette salle, personne ne dort, personne ne fait connaissance avec quelqu'un d'autre. On est tous dans une bulle extrêmement étanche. Lorsque quelqu'un se lève, c'est pour aller se faire un café. La machine est seulement à quelques mètres et personne n'y va rapidement, c'est une longue marche lente. Physiquement on est lent pour compenser la vitesse à laquelle tout passe dans notre tête.

Les gens commencent tous seuls et plusieurs sont rejoints par de la famille ou des amis. Des gens qui arrivent toujours en catastrophe avec des points d'in-terrogation dans les yeux. Souvent, au cours des cinq premières minutes, ils ne se disent pas grand-chose. Ils se prennent dans leurs bras, pleurent un peu et ensuite racontent ce qu'ils viennent de vivre. Les gens qui attendent sont souvent des conjoints comme moi. Tous des gens qui prennent conscience brutalement que la vie n'est pas éternelle et qu'un jour, c'est iné-vitable, il y en a un qui va partir avant l'autre. On est seulement sur le choc de réaliser que cette journée, c'est peut-être aujourd'hui.

À chaque fois qu'un médecin apparaît au bout du corridor, tout le monde se prépare. On a hâte d'avoir des nouvelles et en même temps on n'en veut pas. Le médecin fait signe à quelqu'un de le suivre. Ils vont s'asseoir plus loin pour discuter. On n'entend rien, mais on sait très bien par le visage de la personne si elle reçoit de bonnes ou de mauvaises nouvelles. Et tu attends toujours ton tour... le suspense te tue, tu n'en peux plus d'attendre pour savoir si ta vie ne sera plus jamais la même.

Moi, je pensais à Josée, cette femme si joyeuse. Va-t-elle être la même lorsque je vais la voir? Va-t-elle me reconnaître ou même reconnaître ses enfants? Va-t-elle pouvoir marcher à nouveau? Va-t-elle pouvoir retravailler, faire ce qu'elle aime tant? Va-t-elle devenir aigrie? Est-ce que cette épreuve va la rendre dépressive? Est-ce que dans la piscine, ce soir, c'était notre dernier beau moment en famille?

Je ne pensais jamais que mon couple vivrait une telle épreuve dans la quarantaine. Je croyais naïvement que je surferais sur un certain bonheur facile au moins jusqu'au début de mes 70 ans. Mais la vie ne nous doit rien. Naître ça ne vient pas avec une garantie d'un certain nombre d'années en santé ou un certain nombre de moments de bonheur.

Dans cet instant où je réalisais tout ça, je me sentais bizarrement très vivant. Nous sommes tellement entourés de stress artificiel. Ça nous prend des événements bouleversants comme ceux-là pour le réaliser. Tous les petits stress niaiseux du style: est-ce que j'ai pensé programmer Unité 9? J'ai-tu mis les vidanges au chemin? Une journée que l'on «scrape avec une baboune» parce qu'on a eu un ticket de parking. Brailler parce qu'on a perdu notre emploi alors que ça fait des années qu'on se plaint qu'on hait notre job. Des niaiseries!

Dans ces moments, tu réalises ce qui est vraiment important pour toi. La seule chose que je voulais, c'était pouvoir ramener la maman à mes filles. Ma maison, mon auto, ma piscine, tout aurait pu disparaître et ça ne m'aurait pas dérangé du tout. Je voulais juste retrouver mon amoureuse et la mère de mes filles. Je ne pouvais croire que ça pouvait finir là. On était beaucoup trop bien tous ensemble pour que ça s'écroule juste à cause d'un «criss de morceau de sang séché»! Nous avons beaucoup de choses à faire tous les deux, ça fait juste 13 ans qu'on est ensemble, on commence!

Je me suis dit que je ne devais jamais oublier comment je me sentais à ce moment précis. Par respect pour l'épreuve que Josée vivait, je me suis dit que je ne devais plus jamais me stresser pour des niaiseries. Tant que j'ai ma famille, le reste, on s'en balance.

Plus le temps passe et plus ce sentiment s'efface... C'est un travail constant de ne pas oublier comment je me suis senti quand j'attendais des nouvelles de ma Josée. Mais quand on monte se coucher et qu'on passe par les chambres des filles pour les voir dormir un peu, et quand, le lendemain, je me réveille à côté d'elle et que je vois son beau sourire, je me rappelle facilement que c'est juste ça qui compte.

Trois très longues heures d'attente qui ont paru trois ans. Mais c'est aussi là que tout s'est placé dans ma tête. Si je peux au moins ramener la maman à mes filles, le reste de notre vie ensemble va être à tout casser. On va célébrer la vie et le bonheur d'être réunis.

Le modèle de résilience de L-P

Dans mon texte de présentation des premières pages du livre, je parlais de Paco Lebel que j'ai rencontré au début de ma carrière et qui m'a engagé sur plein de projets. Eh bien sans le savoir, il m'a aussi beaucoup aidé lors de mes trois heures d'attente.

Quelques années après ma rencontre avec Paco, il a décidé de se mettre en forme. Il s'entraînait très intensément et était déterminé à faire un triathlon. Il m'a raconté à quel point il avait eu peur d'y rester durant l'épreuve de la nage. Il m'avait expliqué que dans le lac, il y avait tellement de gens, il recevait des coups de pied dans le visage, il calait, revenait à la surface, mais juste à temps pour prendre une respiration et recevoir un autre coup de pied. Après un certain temps, il s'est dit: Si je réussis à sortir d'ici vivant, le reste de ma vie sera un bonus.

Eh bien, quelques années plus tard, il s'entraînait toujours, et en roulant à vélo, le conducteur d'une *voiture qui ne l'a jamais vu venir a tourné juste devant lui. Il est rentré à toute vitesse dans le côté de la voiture, fracassant son casque et sa moelle épinière. Il est tombé inerte sur l'asphalte, et depuis ce jour, il est en fauteuil roulant. Je m'en souviens comme si c'était hier, de recevoir l'appel de sa blonde qui m'annonce la nouvelle et ensuite le médecin qui nous donne les détails. La moelle épinière avait une coupure très franche, si bien que les chances que Paco puisse marcher de nouveau sont nulles. Paco n'a plus les jambes ni les mains ou les muscles du ventre qui font qu'on peut se tenir bien droit.*

Paco pouvait compter sur plusieurs amis incroyables. Nous avons prévu un horaire pour qu'il y ait toujours quelqu'un à l'hôpital avec lui: 24 h sur 24. Pendant plusieurs mois, nous avons fait du Paco à relais. Je me rappelle qu'il avait un CD de relaxation qu'il aimait beaucoup: le bruit des vagues. Ça le calmait et il aimait l'entendre pendant toute la nuit. Moi, je veillais sur lui certaines nuits et je faisais jouer son CD. Ça aurait été super si le CD avait fonctionné correctement, mais il était abîmé, et après 20 minutes du son des vagues, il se mettait à «skipper». Les vagues «viraient folles» et chaque fois Paco se réveillait en sursaut comme s'il sortait d'un cauchemar horrible.

Alors je remettais le CD et je me rendormais, mais toujours «sur le gros nerf», parce que je savais que dans 19 minutes environ, je devrais me précipiter pour remettre une fois de plus son CD des vagues avant qu'il s'éveille en paniquant. J'ai cherché un autre CD de vagues, mais je n'ai jamais réussi à en trouver un qui correspondait à celui qu'il avait précédemment, sans cette musique nouvel âge qui accompagnait le son de la mer. C'est celui-là qu'il voulait!

Paco est sorti de l'hôpital et a passé des mois en réadaptation. Dans ces lieux on réalise à quel point, même dans notre malchance, il y en a toujours des pires que nous. Pour Paco, les gens qui n'avaient que les jambes en moins, mais qui avaient la force des bras et des mains pour faire des «wheelies» en fauteuil roulant, c'étaient des maudits chanceux. Et à côté de lui, il y avait une jeune fille, âgée de 20 ans à peine. Je ne me souviens plus des détails de l'accident qu'elle a subi, mais elle ne bougeait plus du tout, sauf encore de la bouche et des yeux. Sa mère devait venir la nourrir chaque jour. Paco ne pouvait plus bouger les doigts, mais si je lui fixais un verre de vin dans la main, il pouvait boire par lui-même.

Paco a fini par retourner chez lui. Il a dû déménager dans une maison avec l'espace pour faire installer un ascenseur. Sa vie a changé du tout au tout. Un jour, il m'a dit cette phrase qui m'a marqué: «Tu sais quoi? C'est pas drôle être en fauteuil roulant et tout ce que ça comporte, mais c'est correct. C'est pas grave. Parce que anyway, je suis dans mon bonus».

Il se souvenait de ce qu'il s'était dit lorsqu'il était dans l'eau, et qu'il croyait mourir noyé au fond d'un lac. Il avait une blonde, des enfants, des amis, il avait encore toute sa tête, et en plus, il était «dans son bonus». La vie était belle.

L'histoire de Paco m'est revenue lors de mes trois heures d'attente. Dans ces moments, on a besoin d'histoires de gens courageux pour nous prouver que tout est possible. La pensée de Paco qui vit dans son bonus m'a beaucoup rassuré. En pensant à lui j'ai su que pour Josée aussi, tout serait possible. Et je me suis dit que j'allais l'aider à vivre un bonus incroyable.

Trois heures et une minute

Après trois heures, mon médecin est retourné chercher mon chum. C'était maintenant au tour de Louis-Philippe d'aller s'asseoir à l'écart des autres pour parler en privé. C'est là que le médecin lui a annoncé que l'opération s'était quand même bien déroulée malgré le fait qu'il est arrivé un petit pépin très rare. Le cathéter s'est brisé dans l'artère en allant chercher le caillot. Ils ont donc dû retourner chercher les morceaux. Heureusement tout s'est bien passé.

Le médecin lui a aussi expliqué que c'était un assez gros caillot. Il y a eu des hémorragies et des dommages au cerveau, mais au moins j'étais hors de danger. Il a spécifié que j'avais une longue route devant moi pour retrouver la Josée que j'ai déjà été.

Mon chum a pu venir dans ma chambre. Je dormais connectée à plusieurs machines. Il m'a regardée sommeiller une demi-heure durant, alors que les infirmières entraient et sortaient constamment pour venir vérifier mes signes vitaux, rajouter un sac de soluté, prendre un paquet de notes sur ma condition.

Lorsque je me suis réveillée, j'ai immédiatement vu mon chum à gauche de mon lit. Il était là, à attendre. Comme toujours il avait son grand sourire et il me regardait avec des yeux si tendres. Je ne comprenais pas trop ce qui arrivait. Est-ce que c'était tous ces médicaments qui me rendaient un peu confuse ou est-ce que mon cerveau était en bouillie, je ne sais pas. Je comprenais très bien que j'avais eu un AVC, mais je ne saisissais pas vraiment la gravité de la situation. J'étais un peu mêlée, mais je savais quand même que j'étais chanceuse d'être en vie.

J'étais complètement paralysée du côté droit. Rien ne bougeait. Le médecin est venu me voir, a tenu ma jambe et m'a demandé de pousser très fort. Ça ne bougeait pas du tout, mais il m'a dit sentir une très légère pression. Au moins, le signal se rendait aux nerfs, c'était bon signe. S'il n'avait absolument rien senti, mon bilan de santé aurait été beaucoup plus grave. C'est ce qui a été formulé de plus positif sur ma condition physique : « Ça pourrait être plus grave. »

Tout ce qu'on pouvait me dire, c'est que ça devrait s'améliorer, mais à quel point ? Aucune idée. C'est très possible que j'aie besoin d'une marchette pour me déplacer. Les ergothérapeutes expliquent à Louis-Philippe qu'à notre arrivée à la maison, il serait peut-être mieux d'essayer de prévoir installer notre chambre à coucher au premier étage. Même en étant positive, la pensée que j'allais peut-être être lourdement handicapée pour le reste de mes jours me faisait un peu peur.

Côté langage, ce n'était guère mieux. Il ne me restait que deux mots. Deux mots, soit : « Non » et « envoye ».

Mais comme je me plaisais à dire, avec « non » et « envoye », on peut faire beaucoup de choses. Avec ça, mon chum qui écoute super bien dans la maison, je n'avais pas vraiment besoin de plus que ça. Ha, ha ! De plus, comme je le disais, j'ai perdu tout mon anglais. En fait, tout le personnel hospitalier me parlait en anglais et je comprenais très bien, mais je n'avais plus aucun mot pour leur répondre.

Aussi, je n'étais plus capable de manger. J'ai dû réapprendre à avaler. Je me souviens d'avoir eu vraiment très faim, mais avant de pouvoir me nourrir, je devais m'exercer à boire avec une paille. J'ai commencé par une toute petite gorgée. Petit à petit, mon corps s'est rappelé quoi faire pour ne pas simplement la recracher. Il a fallu environ une journée et demie pour réapprendre quelque chose de si simple.

Mon chum ne me quittait pratiquement jamais, il était toujours à mes côtés, et quand je m'endormais, il en profitait pour aller manger à la cafétéria. Mais il revenait toujours avant que je me réveille.

Pendant ce temps-là à l'hôtel

Cette fameuse nuit, les filles ont réussi à se rendormir, calmes, sûrement confiantes que leur papa allait tout régler. Le matin, Louis-Philippe envoyait régulièrement des textos à Chloé pour prendre des nouvelles des petites. L'hôtel s'est vraiment bien occupé d'elles. Ils leur ont offert le déjeuner que les filles ont décrit comme : « Des piles de crêpes !!! » Ensuite, le dépanneur de l'hôtel leur a donné du chocolat et des bonbons. Le gérant allait régulièrement les voir pour prendre des nouvelles, ils ont été fantastiques. Si jamais vous arrêtez au Westin Princeton at Forrestal Village, dites-leur merci pour moi. Je ne pourrai jamais les remercier assez pour ce qu'ils ont fait.

Mes filles ne sont restées à l'hôtel qu'une seule journée. La première personne que Louis-Philippe a appelée lors de ses trois heures d'attente, c'est notre amie Johanne Cloutier. Il l'a contactée pour parler à quelqu'un et se sentir moins seul, mais tout de suite, Johanne a proposé de venir chercher les filles. Donc Johanne et son chum Paul ont aussitôt pris la route presque sur-le-champ et ont conduit pendant six heures pour venir cueillir les trois enfants. Louis-Philippe était heureux de savoir qu'ils venaient prendre la relève auprès de notre famille, car nos filles les adorent. Pour elles, c'est *matante* Johanne et *mononcle* Paul.

Vers 16 h, Louis-Philippe est parti rejoindre les filles pour les amener souper quelque part et leur expliquer la suite des événements. Il craignait un peu la réaction des petites, mais elles ont été extraordinaires! Elles m'ont même fait une belle petite vidéo d'encouragement avec leurs grands sourires. Les enfants sont souvent beaucoup plus forts qu'on ne le pense. Je sais que Louis-Phil a dit la vérité aux filles, il leur a expliqué ce qui m'arrivait. Je suis sûre que comme moi, les filles ont vu dans ses yeux et son sourire que tout allait bien aller.

L-P est ensuite allé montrer l'université Princeton aux petites et ils se sont rendus manger dans un petit resto libanais. Je sais que mon chum aurait préféré être à mes côtés, mais c'était très important pour lui de créer ce petit moment.

Dans la soirée, nos amis sont arrivés à l'hôtel, et le lendemain matin, ils repartaient pour Boucherville avec un colis très précieux sur la banquette arrière. J'étais à la fois rassurée de savoir que Chloé, Anabelle et Flavie étaient en sécurité avec des gens qui les aiment, mais je ne pouvais m'empêcher d'être triste aussi devant l'incertitude qui m'habitait. En effet, je n'avais aucune idée quand j'aurais la chance de me coller à nouveau contre mes poulettes.

La première nuit

La première nuit, Louis-Philippe a loué une chambre à l'hôtel le plus près de l'hôpital. Il a attendu que je prenne des médicaments pour m'endormir et il est parti se coucher. Il a passé une très mauvaise nuit. C'était très difficile pour lui de ne pas être à mes côtés, il détestait le vide qu'il ressentait seul dans sa chambre. Le lendemain, il a annulé sa chambre et a décidé qu'il resterait à l'hôpital 24 h sur 24.

Lorsque les infirmières ont vu qu'il persistait à vouloir être toujours là, à dormir sur une petite chaise droite, elles lui ont trouvé un genre de La-Z-Boy pour qu'il puisse être confortable. Je fermais les yeux il était là, je les ouvrais il était toujours là.

Cinq jours à l'hôpital

Dans des cas comme le mien, on ne sait jamais combien de temps ça va prendre avant qu'on puisse quitter l'hôpital. Au début, on parlait de plusieurs semaines, mais lentement, mon corps a recommencé à bouger.

Le pire c'était les maux de tête. J'avais des migraines énormes. Je me servais de mon « envoye ! » pour demander des aspirines. Je criais « envoye ! » et Louis-Philippe partait chercher de l'aide. J'ai eu vraiment peur que ces maux de tête soient permanents. J'ai entendu beaucoup d'histoires de gens qui vivent avec des migraines quasi constantes et je sais à quel point ces personnes sont fortes pour passer à travers cette grande souffrance. J'avais l'impression que ça ferait peut-être aussi partie de mon quotidien maintenant. Heureusement, après quatre jours de douleurs lancinantes et pénibles, les maux de tête m'ont quittée pour ne jamais revenir. Eh oui, c'est arrivé le matin où j'ai bu mon premier café depuis l'AVC.

Est-ce un hasard ou est-ce que j'étais en manque de caféine à l'hôpital ? On ne le saura jamais. Mais chose certaine, après ce premier café, les maux de tête ne sont jamais revenus.

Pendant ces cinq jours, j'ai été soumise à une batterie de tests, et encore des tests. J'ai été branchée à toutes les machines possibles pour essayer, entre autres, de comprendre la cause de cet incident. Pourquoi mon corps a-t-il décidé de me jouer ce mauvais tour ?

Des échographies du cœur, d'autres machines pour voir derrière mon cœur. Des résonances magnétiques. Il existe plusieurs causes possibles quand on fait un AVC, et on se demande d'où vient ce fameux caillot.

Ils ont trouvé la réponse en me faisant passer un examen Doppler. En gros, le test consiste à me connecter à une machine avec plein d'électrodes, et là, je dois forcer très, très fort en retenant mon souffle. J'en venais la tête toute rouge. Mais lorsque je faisais ce test, ils voyaient que des petites bulles d'air passaient d'une partie du cœur à l'autre. En d'autres mots, je n'étais pas étanche.

J'ai toujours su que j'avais un souffle au cœur. On m'avait dit qu'environ 10 % des gens vivent avec cette anomalie, que ce n'était pas dangereux, alors je l'avais un peu oublié. Mais ce petit souffle au cœur avec lequel j'ai toujours vécu sans problème a décidé de me jouer un tour. J'ai ce qu'on appelle un *foramen ovale* (trou ovale). C'est-à-dire que j'ai un trou qui peut permettre à un caillot de voyager entre les deux parties de mon cœur. Un caillot s'est donc formé dans ma jambe droite, il a monté au cœur, et au lieu d'aller dans mes poumons et de provoquer une embolie pulmonaire, il est passé dans mon petit trou à la base du crâne, et s'est rendu jusqu'au cerveau.

Pourquoi j'ai eu ce caillot ? Je n'en ai aucune idée. Tous mes tests sanguins révèlent que je ne suis pas prédisposée à faire des caillots. La conclusion fut que j'ai eu une malchance.

La cause enfin trouvée on me prescrit des anticoagulants afin d'empêcher que d'autres caillots se forment. On me fait faire des exercices pour que je recommence à marcher. Avec l'aide de mon chum, je marchais trois mètres et j'étais épuisée. On sortait de la chambre, il y avait une rampe dans le corridor. Je m'accrochais et on marchait jusqu'à une fenêtre quatre mètres et demi plus loin. On prenait une petite pause en regardant la vue, et on revenait dans ma chambre pour que je me repose de tout cet exercice épuisant.

Après cinq jours, les responsables de l'hôpital décident que je suis assez en forme pour retourner à la maison et poursuivre mes traitements près de chez moi.

Mon chum est allé acheter 900 $ de médicaments au Walgreens de l'hôpital et on est partis. Cinq jours qui ont paru cinq mois. Un événement que je n'ai jamais vu venir. Mes vacances qui se terminent avant le temps. Comprendre que la vie est beaucoup plus fragile qu'on ne le pense et réaliser que la mienne ne sera plus jamais la même. Un petit fragment de sang séché avait changé ma vie du tout au tout. De la frustration mais très peu...

Je vogue sur le bonheur d'être toujours là et de savoir que dans six ou sept heures je verrai mes filles. La chose la plus importante pour moi, c'est ça. Mes filles ont encore une maman. J'avais tellement hâte de voir leur petit visage, de leur faire un câlin... hâte de les voir encore pratiquer un de leurs fameux spectacles. Hâte de voir Flavie arriver dans la nuit pour me dire : « J'ai fait un couchemar ! (Oui, elle, elle ne fait pas des cauchemars mais bien des couchemars). Voir ma petite Anabelle qui pratique sa gym sur le divan du salon. Et j'ai aussi hâte de serrer ma grande Chloé de 15 ans dans mes bras pour lui dire merci de s'être si bien occupée de ses sœurs.

Je retournais dans mon ancienne vie, mais en étant une nouvelle femme.

Qu'est-ce qui allait arriver avec moi? On verra. Pour l'instant, essayons juste de se rendre. Juste ça, cela me semblait déjà une montagne.

Le grand départ

J'ai quitté cette petite ville qui s'appelle New Brunswick au New Jersey, où j'avais passé cinq jours sans jamais rien voir. Une des villes les plus importantes de l'histoire de ma petite vie, et je ne la connais pas du tout.

Je suis sortie du Robert Wood Johnson Hospital par la porte d'en avant cette fois. Un hôpital américain comme dans les films. Tout est neuf, avec de belles chambres, une cafétéria avec un menu de restaurant. Le tilapia était délicieux. Dans le hall d'entrée, il y avait un piano à queue avec un infirmier qui profitait de sa pause pour se faire un mini-concert à lui-même.

Nous sommes partis pour ma nouvelle vie, Louis-Philippe avait en poche une clé USB qui contient les détails de tous les tests qui ont été faits sur moi. Des centaines et des centaines de pages de chiffres et de mots qu'on ne comprend pas. Il y avait aussi ce résumé simplifié de mon séjour à l'hôpital.

On ne le met pas pour que vous le lisiez, c'est «ennuyant», mais juste de voir tous ces mots et ces tests, on constate à quel point le corps humain est une machine complexe et tellement fragile. Quand je vois cela, je réalise qu'il ne faut jamais tenir notre santé pour acquise. Remercions le ciel tous les jours que cette petite machine qu'est notre corps aille toujours bien et profitons-en!

RUTGERS
Robert Wood Johnson
Medical School

Department of Neurology   p. 732-235-7733
Clinical Academic Building   f. 732-235-7041
Rutgers, The State University of New Jersey
125 Paterson St., Ste 6200
New Brunswick, NJ 08901-0019

To Whom It May Concern:

Ms. Boureault is a 47 year old woman, high functioning and right handed, without any prior medical issues who presented on 7/1/2016 to Robert Wood Johnson University Hospital with acute onset global aphasia and right hemiparesis due to left MCA stem occlusion. Unfortunately she was a wake-up stroke and presented out of the window for intravenous tPA, and emergently proceeded to a largely successful mechanical thrombectomy of the M1 lesion (TICI 2A reperfusion achieved), although with residual distal inaccessible M2 lesion persisting despite intervention. Left ICA cervical dissection was initially suspected given signs of mild luminal narrowing several centimeters above the carotid bifurcation as well as irregularity in the distal cervical ICA possibly consistent with fibromuscular dysplasia on the initial CTA. However, given lack of appropriate clinical history correlating with a dissection, and lack of wall thrombus on MRA Neck with Gadolinium and Fat Sat sequence, Mrs. Boudreault underwent a workup for cardioembolism and hypercoagulable state. She was noted to have deep venous thrombosis of the right posterior tibial vein and patent foramen ovale with significant right-to-left shunting (Grade II at rest, and Grade IV during Valsalva as measured by TCD), which was confirmed with transesophageal echocardiogram and noted to be associated with a mobile atrial septum. Hypercoagulable panel was sent, and at the time of discharge was only partially resulted, but so far negative. Decision was made to anticoagulate her with DVT dosing of Apixaban for 3-6 months, and decide on necessity for long term anticoagulation on the basis of hypercoagulable panel results. It is reasonable to repeat MRA of the neck with gadolinium and fat saturated sequence in 3 months to monitor for improvement of the left ICA caliber, since dissection is still a consideration.

On discharge, she continues to have significant mixed but predominantly expressive aphasia (although fluency is improving dramatically in French and follows 1-2 step commands), as well as moderate right facial droop and very mild right hemiparesis. There is no gaze preference or field cut, and she ambulates without assistance.

Results of testing:
Head CT (7/1/16): Dense left M1 segment of the MCA corresponding to thrombus visualized on separately dictated CTA head study. Hypoattenuation of the left insula suggesting early MCA territory infarct. No evidence of acute intracranial hemorrhage.
CTA head/neck (7/1/16): Occlusive thrombus in the left M1 branch of the MCA. Hypoplastic left vertebral artery distal to PICA. Mild long segment narrowing of the left cervical ICA with distal irregularity suggestive of fibromuscular dysplasia. Dominant right vertebral artery. Bilateral thyroid nodules, including partially calcified 10 mm nodule on the left.
MRI Brain w/o Gad (7/1/16): There is a restricted diffusion consistent with sites of acute left MCA territory infarction.
MRA Head w/o, Neck w/ Gad and FatSat (7/1/16): Status post recanalization of previously seen left M1 occlusion, with the left M1 segment and multiple left M2 branches now patent, though smaller in caliber than on the right. Mild irregularity along the mid to distal left cervical ICA, which may represent artifact versus dissection.
Lower extremity duplex (7/3/16): Findings are consistent with a deep venous thrombosis of the right posterior tibial vein.
TCD Complete, TCD right-to-left shunt study (7/5/16): Mildly elevated left PCA velocity is likely secondary to circle of Willis collateralization given known persistent left second-order MCA branch occlusion. Otherwise, there is no evidence of >50% intracranial stenosis by velocity criteria or waveform analysis. Left MCA stem occlusion noted on the CTA from 7/1/16 has resolved. There is presence of a significant right-to-left atrial septum/pulmonary shunt (Grade II during normal respiration and Grade IV after Valsalva strain).
TEE (7/5/16): Normal left ventricular size, thickness, systolic function, and wall motion. The visually estimated ejection fraction is between 55-60%. Normal right ventricular cavity size, wall thickness, and systolic function. Both atria are normal in size. There is a highly mobile atrial septum noted. Patent foramen ovale detected using by color Doppler and contrast.

Please do not hesitate to contact me should you have any further questions.

Igor Rybinnix

Igor Rybinnik, M.D.
Assistant Professor of Neurology, Rutgers Robert Wood Johnson Medical School
Interim Medical Director of the Comprehensive Stroke Center at Robert Wood Johnson University Hospital
Igor.rybinnik@rutgers.edu
cell. 732-614-8018
work. 732-235-7340
fax. 732-235-7041

Avez-vous vraiment lu ça??? Wow, bravo, vous êtes vraiment courageux!

5

Le retour à la réalité

Après cinq jours branchée sur plusieurs machines en même temps, bénéficiant d'une attention continuelle jour et nuit, ça faisait vraiment bizarre d'être tout à coup libre. Mon chum a réussi à me faire grimper dans son camion. J'avais mis les vêtements les plus mous que j'ai pu trouver dans ma valise pour essayer d'être confortable. Une infirmière vraiment gentille m'avait donné un oreiller et des couvertures pour la route. J'avais peur de ne pas être capable de me rendre. J'avais l'impression que ça pourrait mal tourner et que nous devrions peut-être arrêter dans un autre hôpital en route. Si on pouvait au moins se rendre au Québec!!!

Vers 17 h, nous avons mangé dans le bout de Plattsburgh. Louis-Philippe devait m'aider à marcher et ça a dû me prendre cinq minutes pour passer du stationnement au restaurant. Arrivés à l'intérieur, j'ai mangé trois bouchées de poulet en une demi-heure. Louis-Philippe a dû m'accompagner à la salle de bain. Disons que ma première sortie post-AVC n'était pas des plus romantiques.

J'ai poussé un grand soupir de soulagement lorsque nous avons passé les douanes. Enfin au Canada. Je me souviens encore de la question de la douanière : « Avez-vous fait des achats ?

— Oui ! 900 piasses de pilules et des pantoufles avec le nom d'un hôpital dessus. »

Finalement, j'ai vu la maison apparaître. Louis-Phil qui fait toujours tellement attention à moi est allé déverrouiller la porte et a averti les filles :

« Maman a encore mal. Faites-lui des câlins, mais ne lui sautez pas dans les bras. On se met en mode « amour doux ».

Mes filles sont venues m'accueillir en faisant attention de ne pas me serrer trop fort dans leurs bras. Elles m'ont accompagnée jusqu'à mon lit, elles ont placé des coussins pour que je sois bien. Je me suis couchée et elles sont venues me coller, une de chaque côté. C'est pour vivre de tels moments que je suis toujours en vie !

Elles m'ont raconté leurs palpitants cinq jours alors que leur grand-mère Denise et leur tante Sylvie, ma sœur, se sont occupées d'elles. Elles sont allées à La Ronde et ont fait plein d'autres activités. Elles étaient emballées de leurs vacances ! C'est fou comment les enfants peuvent être résilients s'ils ont des adultes rassurants autour d'eux.

C'était le début de ma deuxième vie. Une vie sensiblement semblable à l'ancienne, mais avec mon principal talent en moins… la parole.

Premier statut Facebook

Mon chum attendait de voir comment j'allais m'en sortir avant d'apprendre aux médias ce qui m'était arrivé. Il voulait bien le faire et il a décidé de passer par ma page Facebook pour l'annoncer aux gens qui me suivent et m'aiment. Voici comment il avait décrit les événements à notre retour :

Bonjour à vous toutes et à vous tous qui suivez Josée sur cette page. Je suis Louis-Philippe Rivard, le conjoint de Josée. Je prends quelques instants pour vous dire que Josée a eu un ennui de santé. Cependant, malgré la gravité, elle va bien s'en sortir.

En nous rendant en vacances en Virginie pour une semaine, nous nous sommes arrêtés en chemin à l'hôtel avec les enfants, et pendant la nuit de vendredi à samedi, le 1er juillet, Josée a fait un AVC.

La chance dans tout ça, c'est que nous étions à 20 minutes du Robert Wood Johnson University Hospital, qui est un hôpital spécialisé dans ce domaine. Donc, Josée a été traitée rapidement. Malheureusement, ayant subi un AVC pendant qu'elle dormait, elle n'a pas pu être traitée assez vite avec des médicaments. Ils ont dû l'opérer pendant deux heures pour retirer manuellement le caillot.

Cependant, considérant la situation, le reste n'a été que positif. À son réveil, elle ne bougeait plus du tout du côté droit et ne parlait pas du tout non plus.

Deux jours plus tard, ses bras et jambes étaient complètement rétablis. Le langage revient tranquillement, mais d'heure en heure, ça s'améliore.

Écrire est encore difficile. Elle a beaucoup de travail à accomplir pour récupérer dans les semaines à venir, mais je dois lui faire un hommage :

Josée est une femme extrêmement forte. On nous disait que nous serions au moins 2 semaines à l'hôpital et nous sommes partis après 5 jours. J'ai passé 24 h sur 24 avec elle et on a ri. Elle a encore tout son humour, elle est dotée d'un moral d'acier, elle est super positive et a hâte d'aller en réadaptation pour les impressionner. C'est une femme d'exception et toute cette épreuve ne fait que me le prouver encore plus.

Elle voulait que je vous fasse un petit message pour ne pas vous laisser dans le silence, mais j'en ai fait un long parce que j'aime la vanter. ☺

Vous êtes sa motivation, elle a hâte de vous revoir dans sa tournée de conférences. Je vais vous tenir au courant des développements.

Vous pouvez lui écrire des messages, ne vous gênez pas. Je vais tous les lui lire. Ne vous attendez pas à une réponse tout de suite de sa part, mais je sais qu'elle va apprécier les encouragements.

Merci !

(Avis aux médias : nous ne ferons pas de commentaires pour l'instant. Merci).

L'épreuve du retour à la réalité

En rencontrant des gens qui ont fait des AVC je comprends que le plus difficile n'est pas l'événement comme tel. Et c'est comme ça pour la plupart des gens qui vivent des problèmes médicaux graves. Dans l'urgence on est rapidement pris en charge, on est sur les médicaments, tout le monde s'occupe de nous. C'est comme embarquer dans une montagne russe, tu t'accroches et tu te laisses aller. Ça fait peur, mais puisque tu ne contrôles absolument rien, tu te retrouves avec un très grand lâcher-prise. C'est comme quand on était bébé, on laisse les autres s'occuper de nous et on ne peut que leur faire confiance.

Le plus difficile, c'est le retour à la réalité. Tu es chez toi, tu dois assister à un million de rendez-vous pour un million d'examens que tu ne comprends pas trop. Et quand tu n'es pas en train de te faire ausculter, tu te reposes. Tu te reposes à en être fatiguée de te reposer. Ce n'est pas tant du repos qu'une longue attente, tu attends d'être mieux. Et pendant cette attente, tu as tout le temps de réaliser que la vie ne sera plus jamais la même.

À l'hôpital, tu n'es pas dans ta vraie vie, ça paraît moins pire. Mais quand tu es chez toi, là tu peux vraiment comparer avec ton ancienne vie. Tu prends vraiment conscience de tout ce que tu ne peux plus faire comme avant. Tu es dans tes propres affaires, mais tu te sens perdue, comme si tu étais chez quelqu'un d'autre. C'est rendue à la maison que j'ai réellement compris la gravité de ce qui m'était arrivé.

Après quelques semaines, ma tête s'est replacée et j'ai commencé à conduire un peu. Je trouvais ça encourageant de partir et réussir à aller faire une petite commission toute seule. Ça me faisait du bien. Jusqu'à ce que je reçoive un papier de la Société de l'assurance automobile du Québec (SAAQ). Mon permis n'était plus valide. Ils me l'ont laissé juste assez longtemps pour que j'aie l'impression que je pouvais conduire sans problème. Ça, je vais vous l'avouer, ça m'a « sacré tout un *down* ». Récupérer mon permis rajoutait un paquet d'étapes de plus à ce que j'avais déjà à faire. Je devais subir une batterie de tests avec des ergothérapeutes, aller voir un ophtalmologiste qui teste ma vue, faire remplir des piles de papiers par mes médecins. Mon chum me lisait la documentation et je comprenais que ce serait des mois de travail pour retrouver le permis que j'ai depuis l'âge de 16 ans.

Quand j'étais à l'hôpital, tout le monde s'affairait autour de moi pour m'aider. Maintenant, c'est moi qui dois travailler si je veux aller mieux. L'orthophonie commence. Trois fois par semaine, je dois me rendre à l'Hôpital Charles-Le Moyne pour réapprendre à parler. Bien sûr, mon chum doit m'amener puisque je n'ai plus de permis. Trois fois par semaine, j'allais au sous-sol de cet hôpital où les orthophonistes étaient dissimulées au bout d'un corridor, ce qui laisse croire que vous êtes perdu dans un entrepôt de civières usagées. Mais rendus sur place, les gens sont incroyables, patients, gentils, toujours souriants. Avec la dame à l'accueil, toujours heureuse de nous voir arriver. Je n'ai que de bonnes choses à dire du personnel des centres hospitaliers, je n'ai fait que de belles rencontres.

En plus de l'orthophonie, il faut mentionner l'ergothérapie. Je faisais des jeux de logique que les enfants font généralement à la maternelle et en première année. Des boîtiers Veritech que ça s'appelle. Ne m'achetez jamais un Veritech pour mon anniversaire, même pas pour la fête de mes enfants, j'en ai assez fait, je ne suis plus capable de voir ces jeux éducatifs.

En ergothérapie, on vérifie aussi si je suis capable de me débrouiller dans ma maison. On me donne des trucs pour comprendre une recette. J'ai fait la recette des crêpes de Ricardo avec mon ergothérapeute. Crêpes que j'ai complètement calcinées d'ailleurs. Je blâme les poêles de l'hôpital. C'était une recette de Ricardo, mais pas les poêles antiadhésives de Ricardo. Ha, ha!

C'est ça qui est difficile : de réaliser à quel point tu as reculé. Tu réapprends à faire une pâte à crêpes et tu la manques, tu ne te sens pas au sommet de la forme.

J'avais besoin de mon chum pour prendre tous mes rendez-vous parce que je ne parle pas assez clairement et que je ne peux pas prendre de notes. C'est lui qui parle à tous mes médecins, qui écrit tout ce qu'on doit faire, qui s'occupe des agendas.

Imaginez si j'étais toute seule. Quand je pense aux gens qui sont seuls, j'ai tellement de peine, ça doit être si difficile. Si vous connaissez des gens qui relèvent d'une maladie, allez les voir, aidez-les, ou soyez juste une oreille attentive. Ce n'est pas à l'hôpital qu'on a le plus besoin d'être entourée, c'est dans les mois qui suivent.

Ce qui me faisait le plus de bien, c'était de faire attention à moi, d'essayer de me trouver *cute*. Même si je ne sortais pas beaucoup, ça me remontait le moral de m'arranger un peu. L-P appelait pour me prendre des rendez-vous pour que j'aille me faire faire des pédicures et manucures. Je le vois encore essayer d'expliquer à une Asiatique qui ne parle que quelques mots de français qu'il veut prendre rendez-vous pour sa blonde qui veut du *shellac*! Et L-P lui-même n'est pas sûr de savoir c'est quoi du *shellac* et s'il le dit comme il faut.

Le cerveau désaligné

Au début, j'avais le cerveau comme un peu désaligné. J'avais de la difficulté à faire des tâches toutes simples. Je me souviens d'une fois où je suis dans la salle de bain, je prends ma brosse à dents électrique, je la regarde quelques secondes et je décide de me peigner les sourcils avec. Heureusement que je n'y ai pas mis de dentifrice. Mais pour moi, c'était tout à fait normal. Mon chum me voit faire et ne peut s'empêcher d'éclater de rire. Je ne comprends pas ce qu'il lui prend, il n'a jamais vu ça quelqu'un qui se détartre les sourcils? Tout à coup, on dirait que j'ai un éclair au cerveau, et je comprends ce que je suis en train de faire. C'est bizarre ce sentiment d'avoir envie de rire et de pleurer en même temps.

Il y a aussi la fois où j'ai voulu changer de chaînes sur la télévision avec le téléphone sans fil. J'avais beau essayer, je ne comprenais pas du tout ce que je faisais «de pas correct».

Je ne pouvais nommer les jours, les heures. J'étais toujours un peu perdue dans le temps. Je demandais constamment à mon chum: on est quand, là? Il me le disait et ce n'était pas clair. Il devait vraiment bien m'expliquer: «On est au mois d'août. L'été a commencé au mois de juin. Ensuite on est partis en vacances début juillet, et là c'est le mois d'août. »

Les enfants ! Je me sentais complètement nulle avec les enfants. Je ne pouvais pas les inscrire à l'école ou à des cours, payer tous les frais de garde, etc. Et mon chum n'avait jamais fait ça. Je me suis toujours occupée de toutes ces questions ; ce n'est vraiment pas un de ses talents de remplir de la paperasse. Je suis sûre qu'il a toujours pensé que c'était l'Esprit saint qui s'occupait d'inscrire les enfants à l'école et à la gym.

Je me sentais complètement impuissante. Je savais que j'oubliais plein de choses. J'essayais d'en parler à mon chum, il ne comprenait pas.

C'est ça qui est difficile. De se sentir inutile et de ne pas savoir si mes facultés vont revenir un peu. Ne plus être capable de lire le journal le matin, c'est une chose, mais ne plus être capable de lire un papier que l'école envoie, ça, c'est difficile.

J'ai toujours été très indépendante et sentir que j'avais tellement besoin de tout le monde, c'est ce qui m'épuisait le plus.

Mon petit cœur brisé

J'ai toujours aimé dire que je suis une femme de cœur, je n'ai toutefois jamais pensé qu'il me jouerait un si mauvais tour.

Mes médecins ont analysé mon cas et ont finalement pris la décision de fermer mon trou au cœur.

Mon fameux *foramen ovale*. Donc, rendez-vous à l'Institut de cardiologie de Montréal avec un docteur fantastique qui s'appelle le Dr Ibrahim. Ça m'impressionne toujours de rencontrer ces médecins qui sauvent des vies chaque jour en faisant des gestes qui relèvent presque de la science-fiction, mais qui en parlent avec une grande modestie. Tu les écoutes t'expliquer l'intervention qu'ils vont pratiquer et tu as presque l'impression que ton chum pourrait te la faire lui-même avec ses outils à la maison.

C'est fou la science quand même. Si j'étais née dans les années 1800, je serais morte le 1er juillet. Et grâce à la recherche, on m'explique qu'il y a de petits risques, mais qu'il ne faut pas trop s'inquiéter : « Y'a rien là, on va vous faire quelque chose qu'on fait des dizaines de fois par jour. »

À l'institut de cardiologie, le Dr Ibrahim est passé encore par la même artère que lorsqu'on m'a enlevé mon caillot. Donc, on passe par la hanche pour monter au cœur. Moi, ce chemin ne m'aurait jamais traversé l'esprit.

Cette fois, ils y sont entrés avec un genre de petit parapluie d'un métal extrêmement mince mais très durable. Lorsque ce petit parapluie arrive dans le trou du cœur, il s'ouvre et prend sa place. Il est coincé dans le trou et va toujours rester là. Il va servir de paroi étanche entre les deux parties de mon cœur. Si un autre caillot ose monter, il va se frapper à un mur cette fois.

L'opération s'est très bien déroulée. Franchement, l'institut de cardiologie est un endroit superbe, avec comme partout où je vais, des gens tellement professionnels et gentils. Je suis arrivée le matin, on m'a opérée et vers 17 h je quittais l'endroit avec mon chum, et encore une fois de nouvelles ordonnances.

À chaque fois que je subissais une opération, on me changeait d'anticoagulant. Je pourrais écrire une critique d'anticoagulants pour n'importe quel journal médical. Cette fois, c'était de l'Innohep qu'on doit s'injecter sous-cutané. En d'autres mots, je devais me piquer dans le ventre. Tous les matins, une piqûre dans le petit gras du ventre. Je vais vous dire que c'était pas mal moins plaisant que mes matins tranquilles où je me faisais juste un petit café.

Encore une fois, mon chum s'est porté volontaire. Il me faisait ma piqûre chaque matin. Tous les jours, il essayait de s'améliorer, d'être plus doux, il cherchait un petit morceau de peau ou je n'avais pas été piquée dernièrement.

Ça aussi c'est difficile pour les gens qui vivent des problèmes de santé. Passer d'une personne qui ne prenait pas du tout de médicaments à devoir prendre du Crestor pour le cholestérol, de l'aspirine et de l'Innohep en injection. J'avais mis tous mes petits pots dans l'armoire où je range mes bols de céréales pour ne pas oublier de les prendre en me levant, mais en même temps, chaque fois que j'ouvrais cette armoire, je me trouvais vieillie de 30 ans d'un seul coup.

La vue d'un tas de médicaments qui t'attendent comme ça, ça joue sur le moral. Tu te sens vieille, affaiblie, brisée. Ton petit corps qui allait si bien commence à te lâcher. Cette pensée fait mal.

Le plaisir des menstruations 24 h sur 24 !

Et là, intervient une étape qu'on oublie souvent : les problèmes liés aux effets secondaires ! Le plaisir de régler un problème et d'en créer un autre ! Y'a rien de mieux pour sentir que ça n'avance pas ton affaire.

Mes anticoagulants font que je suis menstruée 24 heures sur 24, 7 jours sur 7. Donc, je vois déjà un cardiologue, j'ai mon fantastique neurologue, le Dr Boulanger à Charles-Le Moyne qui sait tout de mon cerveau et réussit à trouver les mots pour me faire comprendre les résultats de chaque test qu'on fait sur moi. Et maintenant j'ai un nouveau gynécologue ! Bienvenue au merveilleux Dr Fortier dans ma vie ! On fait des tests et on découvre que pour arrêter mes incessantes règles, on devra me faire l'ablation de l'endomètre. C'est quoi l'endomètre ? C'est la muqueuse interne de l'utérus. C'est toujours plaisant d'apprendre qu'on va vous enlever un morceau dont vous ne suspectiez même pas l'existence.

En m'enlevant cet endomètre, finies les menstruations. Finie aussi la possibilité de faire des enfants, mais mon chum avait déjà sa vasectomie, on ne prévoyait pas en avoir d'autres de toute façon. Si on en a un maintenant, laissez-moi vous dire que la nature sera « forte rare » ! Maintenant qu'on a deux « goalers », y'a rien qui va passer !

Cette opération était techniquement moins risquée que mon opération au cœur, mais elle m'a beaucoup plus « maganée ». Je crois que c'est à cause des antidouleurs. Ils m'ont donné des nausées incroyables, mes pires de toute cette aventure. Si vous avez vu nos petites vidéos sur Facebook, il y en a une où mon chum décrit la couleur que j'avais après l'opération. Pour bien l'exprimer, il est allé chercher des échantillons de couleur dans un magasin de peinture. Ha, ha ! Selon Bétonel, pendant plusieurs heures j'aurais été mousse des bois. Et mon chum dit que j'ai même eu le teint vert mousson. Disons que je l'ai trouvée difficile cette épreuve-là.

6

Mettre ses passions sur pause

Pour les gens qui vivent ce genre d'épreuve, il y a aussi l'arrêt de travail qui peut s'avérer difficile.

Pour moi, ce qui a été particulièrement pénible, c'est de devoir arrêter tout ce que je faisais… et de n'avoir aucune idée quand est-ce que je pourrais recommencer ni même si ce serait possible un jour.

Ma liste à moi

Ma liste à moi était une émission que j'animais à TVA avec Christine Michaud et qui était diffusée le samedi midi et en rediffusion le dimanche après-midi. J'aimais beaucoup cette collaboration avec Christine que j'adore. C'était une émission où chaque semaine nous recevions des artistes qui nous présentaient leur liste des 10 choses qu'ils aimeraient accomplir dans leur vie en priorité. Je n'avais aucun tournage pendant l'été, mais j'avais déjà hâte de les reprendre en septembre. J'ai dû en faire mon deuil. Au début, on espérait que je puisse y retourner éventuellement. À chaque mois, on donnait des nouvelles à la production en disant, peut-être bientôt, ça s'en vient… mais à la fin de l'automne, on a dû leur annoncer que ce ne serait pas possible. Mon langage ne reviendrait jamais assez pour reprendre ma place aux côtés de Christine.

Rouge FM

J'avais aussi un tout nouveau contrat. Je devais, à compter de septembre, faire une chronique par jour sur l'émission d'Isabelle Racicot à Rouge FM. Ça aussi j'avais hâte, j'adore faire de la radio. C'est ce que j'ai le plus fait dans ma vie. Si j'avais à me décrire simplement, je dirais que je suis une fille de radio. On pensait que je pourrais recommencer tranquillement, mais mon défaut de langage est encore plus gros à la radio qu'à la télévision. C'est correct de me tolérer, une fois de temps en temps, pour une interview aidée par mon chum, mais à tous les jours… Même moi, je ne serais plus capable de m'entendre chercher mes mots. Y'a une limite à tout. J'ai fait quelques présences sur l'émission d'Isabelle avec mon chum, en espérant que je réussirais à m'améliorer assez sur le plan du langage pour retourner faire de petites chroniques, mais non. Ce fut un autre deuil. La radio, ce ne sera pas avant longtemps, et peut être jamais.

Les conférences

J'avais toutes mes conférences de prévues. J'ai dû en annuler une trentaine durant l'automne. Ça, ça fait mal. Certaines personnes m'avaient engagée des mois à l'avance pour aller les rencontrer. Ils attendaient patiemment pour voir si mon état de santé me permettrait d'aller les rencontrer, et moi aussi j'avais hâte d'y aller. Mais finalement, mon chum devait dire à Julie Boivin, la merveilleuse femme qui s'occupe de mes conférences, d'appeler tout le monde pour leur dire qu'on devrait laisser tomber.

C'est un gros deuil pour toutes les personnes qui vivent une épreuve et qui doivent cesser momentanément ou pour de bon de travailler. Il y a bien sûr, l'argent. Certains ont des assurances, mais si c'est comme moi, vous devez constamment remplir des formulaires (par-là, je veux dire que mon chum doit remplir des documents) prouvant que tu n'es pas encore apte au travail, signés par un médecin qui explique ta condition. Et quand c'est fait, tu es tranquille un bout de temps, mais tout à coup tu reçois un autre papier avec des questions à répondre. Pouvez-vous prouver encore que vous n'êtes pas apte au travail? Ça n'en finit plus.

Et, au-delà de l'argent, il y a le moral. On a tous besoin de se sentir utiles et pour beaucoup de gens, ce besoin est comblé par leur travail. Moi, je travaille avec mes mots. C'est ce qui est le plus important pour moi. Les mots! J'aurais pu perdre l'usage de mes jambes, ça aurait été très grave, mais j'aurais pu encore travailler. Je suis comme un pianiste qui perdrait ses deux mains.

J'ai perdu mes mots! Je n'en reviens pas encore de l'ironie. Peut-être que je parlais trop et qu'on a voulu m'envoyer un signe que c'était assez; c'était maintenant le temps pour moi d'écouter un peu.

Aurais-je prédit ce qui m'est arrivé?

Dans les semaines qui ont suivi mon AVC, ça ne m'est pas venu à l'esprit. J'ai écrit deux livres: *Sois ta meilleure amie!* et *Sois ta meilleure amie! encore plus!* et il y avait quelque chose de vraiment spécial que j'avais écrit dans l'un de mes ouvrages chez le même éditeur, mais c'était disparu de ma mémoire.

Un jour, quelqu'un m'a parlé de la page 129 de mon premier livre où j'expliquais que, malgré mon positivisme, il m'arrive comme tout le monde d'avoir des idées noires. J'appelais ça *Mes 30 secondes d'idées noires*. Je disais que lorsque j'ai des idées noires, je leur accorde 30 secondes, pas plus! Je trouve qu'elles n'en méritent pas davantage.

Et je faisais une petite liste de quelques-unes de mes idées noires… Voici un petit résumé de cette liste.

Mon chum qui sort faire une commission dont il ne reviendra jamais. Mystère. Trente secondes.

J'en rajoute avec lui parce que chaque année, il part assister à une course de Nascar aux États-Unis avec son meilleur ami. Souvent, mon imagination en profite pour me donner une demi-minute de frayeur terrible. Un accident en route vers les Américains. Une bagarre dans un bar et un coup mortel. Et si… ? Trente secondes. Trente secondes, mais pas plus, même si c'est difficile.

Une de mes filles est foudroyée par une maladie incurable. Le maudit cancer, par exemple. Trente secondes.

Victime d'un AVC, je perds la parole. Trente secondes.

…

J'avais décrit ce qui m'est arrivé dans mon premier livre. C'était une de mes idées noires. Pour moi, c'était une des pires choses qui pouvaient m'arriver, sans ma parole, je ne suis rien. Et c'est arrivé.

J'avais oublié ce passage de mon livre, et lorsque je l'ai relu, j'en ai eu la chair de poule. En même temps, je me dis que ça me fait une idée noire de moins. Vous voyez, il y a du positif dans tout. Je ne vis plus avec cette peur de perdre la parole. Comme on dit : Perdre la parole, *check* ! C'est fait !

Mais quand même, quand j'ai relu ça, je n'ai pu m'empêcher de me dire : *En plus je l'avais dit. Non, mais c'est-tu assez con.*

Le deuil des voyages

Quand tu as une maladie, il y a aussi les voyages que tu ne peux plus faire. Pendant un temps, je n'étais plus assurable. Pour l'être à nouveau, ta condition doit être stable depuis un certain moment et ta médication ne doit pas avoir été changée dans les 30 derniers jours, etc.

Et quand tu as été malade en voyage, tu ne prends plus jamais le risque de partir sans assurances. Parce que tomber malade aux États-Unis, laissez-moi vous dire que ça coûte cher. Si vous vous doutez que ça coûte cher, multipliez le montant que vous avez en tête par 10, et vous allez avoir le vrai chiffre. S'il y a un conseil que vous devez retenir dans tout ce livre, un seul! Retenez bien cette phrase: QUAND VOUS VOYAGEZ, PRENEZ ABSOLUMENT DES ASSURANCES!!!!!!

Répétez avec moi: « Je promets, à chaque fois que je traverserai les douanes pour aller dans un autre pays, de prendre des assurances pour ne pas avoir à vendre ma maison afin de payer mon séjour à l'hôpital! »

Mon chum avait pris des assurances, mais savez-vous quoi? Il en prend rarement. Les trois quarts du temps, il n'y pense pas et on part. Cette fois, il était allé sur Internet, juste avant de quitter la maison, pour voir des prix et il avait pris une assurance voyage presque sur un coup de tête: « Des fois qu'une des filles tombe en courant autour de la piscine et se casse un bras ». C'était une assurance familiale, mais il n'a jamais pensé qu'elle servirait à l'un de nous.

On ne sait pas combien ça nous aurait coûté. Mon chum n'a pas vu passer les factures qui ont été envoyées directement à la compagnie d'assurances. Les deux seules factures qu'il a reçues et a refilées aux assurances, c'est le tour d'ambulance. Combien pensez-vous que cette petite promenade de 20 minutes a coûtée?

4000 $!!! Eh oui 4000 $ pour un transport de 20 minutes! Bon, c'était une très belle ambulance, mais ce n'est pas comme si j'avais eu du champagne pendant la route, un massage et un spectacle privé de Paul McCartney! Non, j'ai eu de l'oxygène et un soluté! 4000 $!

Avant de partir, mon chum est allé acheter pour 900 $ de médicaments. Quatre petites bouteilles. Pas des formats Costco! Il n'a pas eu besoin d'aide pour apporter les bouteilles jusqu'à la voiture! Il n'avait pas besoin de forcer avec les genoux et ni le dos quand il levait son sac de la pharmacie avec les quatre petits contenants! Et c'était quand même 900 $!

Imaginez mes cinq jours à l'hôpital, avec tous les services que j'ai reçus, toutes les machines sur lesquelles j'ai été branchée. Là-bas, ils te facturent pour tout, tout, tout. J'avais les yeux secs à l'hôpital, ça me piquait. L'infirmière m'a dit qu'elle pouvait me donner un genre de petite gelée qui pourrait apaiser l'irritation. C'était un tout petit sachet, avec assez de gelée pour une seule application.

L'infirmière a dit à mon chum que ce serait peut-être meilleur marché s'il allait au magasin de cadeaux de l'hôpital acheter des gouttes pour les yeux, puisque ce petit sachet coûtait 30 $. Pour une seule application! Donc, on ne sait pas combien ça nous aurait coûté si on avait eu à payer les frais de notre poche, mais certains disent: 150 000 $, d'autres 200 000 $, et il y a des gens qui estiment que c'est plus que ça. En gros, pour les traitements que j'ai reçus, c'est la valeur d'un joli petit bungalow ou d'une très belle Porsche.

À l'hôpital, ils ne savent pas si ton assurance va couvrir tous les frais, ils ne courent pas le risque. Après une journée, des gens très gentils viennent te voir, te demandent si tout va bien, si tu as tout ce dont tu as besoin, et on te demande de passer au bureau des finances de l'hôpital.

Là-bas, Louis-Philippe a rencontré une femme vraiment très charmante, mais qui avait des questions qui te font réaliser que si tes assurances ne paient pas, il va y avoir une couche de plus de complications sur ta vie. Elle lui a demandé le nom de sa banque, s'il avait une maison, la valeur de la maison et combien il lui restait à payer d'hypothèque. Est-ce qu'il avait des REER, et combien ? Des investissements ? Etc. Ils se préparent à tout faire pour se faire payer.

Louis-Philippe était certain que les assurances paieraient sans problème, mais il était quand même mortifié. Imaginez quelqu'un qui n'a pas d'assurances. Tu es beaucoup moins en forme pour aider l'amour de ta vie quand tu te demandes si tu vas devoir vendre ta maison. Je déteste y penser, c'est l'horreur, et je sais que plusieurs personnes l'ont déjà vécu. Donc, ne « prenez pas de chance » avec ça, je vous en implore. Assurez-vous !

Les deuils laissent la place aux victoires

*F*inalement, j'ai réussi à retrouver mon permis de conduire après plusieurs tests avec un ergothérapeute mandaté par la SAAQ, et qui s'est terminé par un test sur la route – test qui en passant m'a beaucoup plus stressée que mon premier examen de conduite à 16 ans. Celui-là, je ne voulais pas avoir à le reprendre dans plusieurs mois. J'avais tellement peur de faire une erreur. Mais j'ai réussi. Fiou!!! Et même que l'ergothérapeute a dit qu'il faisait ce travail depuis plus de 30 ans et que j'étais la personne la plus rapide à retrouver son permis. J'étais très fière.

Des petites choses comme ça, ça fait du bien. Tu te sens un peu moins «nounoune». Enfin je suis capable de faire quelque chose, je peux conduire! Wow! La liberté! Pour moi, mais aussi pour mon chum qui n'avait tout d'un coup plus besoin de me conduire partout. Je pouvais l'aider lui aussi en allant par exemple faire l'épicerie pendant qu'il travaillait. Je me sentais utile avec mon permis en poche, et ça m'a vraiment fait du bien.

Petits retours à la télé

J'ai eu des moments surréels grâce à ma mésaventure. La première fois que je suis retournée à la télé, c'était pour le gala des Gémeaux. On m'a demandé si je voulais remettre un prix dans la catégorie « Meilleure comédie ».

Je me suis tellement exercée pour pouvoir dire quelques mots seulement. Des semaines! Moi qui d'habitude ne pratiquais presque rien avant d'aller sur scène.

Voici mon texte que j'ai pris tant de temps à apprendre :

« Bonsoir, je suis vraiment contente d'être là. Je sais encore plus que maintenant, ce qui est vraiment important dans la vie : mes petites filles, mon chum. Merci à eux. »

Éric Savail venait m'interrompre me disant que les docteurs de *De garde 24-7* étaient là pour s'occuper de moi s'il m'arrivait quelque chose. Et là, je lui disais de ne pas s'inquiéter, je vais très bien. Je faisais bouger mes petits bras, mes petites jambes. Je disais: «Regardez, j'suis toute là!!!»

J'ouvrais l'enveloppe et c'était la partie la plus stressante de mon texte. J'avais prévu faire comme si je ne savais pas lire et que je me trompais. Au lieu de nommer *Les beaux malaises*, je voulais dire: «Le gagnant est: *La Petite Vie*!!!»

Mon Dieu que j'ai eu de la difficulté avec ça! Je me pratiquais à la maison. Je me trompais tout le temps. Je disais: La petite Guy! Ou: La jeune vie! Je vais vous dire franchement, je crois que la seule fois que j'ai réussi à le dire correctement, c'est sur la scène, en direct à la télé. Avec sûrement beaucoup d'adrénaline, ma bouche a accepté de me faire une fleur et le dire correctement: *LA P'TITE VIE*!

J'étais tellement contente. Trois mots à dire pour un stress de trois semaines! Eh oui, c'est ça ma vie maintenant.

Il y a aussi eu *Tout le monde en parle*. Comment refuser une telle invitation? C'est là que j'ai commencé à «traîner» mon chum avec moi. Il réussit toujours à traduire ce que je veux dire. Il a le don de me laisser aller, et il sait exactement quand prendre le flambeau et finir une phrase qui de toute évidence n'ira nulle part. Ça me rassure énormément de l'avoir avec moi. De cette façon, je sais que je vais pouvoir dire ce que j'ai à dire, et que ça ne durera pas des heures. Et de toute manière, juste d'être moins stressée, les mots sortent beaucoup plus facilement.

Ça a été une très belle entrevue, j'étais nerveuse, mais Guy A. et Dany ont été tellement gentils avec moi. Ils m'ont rassurée et j'ai réussi à m'exprimer vraiment bien. Je me suis surprise moi-même. J'étais vraiment fière de moi. Même si c'était moins facile, j'étais capable de communiquer, et même si j'ai moins de mots, j'ai remarqué que les gens m'écoutaient encore plus qu'avant. C'est spécial quand même.

Parmi toutes les émissions que nous avons faites, il y a eu *En direct de l'univers* avec France Beaudoin. Une femme merveilleuse que je connais depuis mes tout débuts, quand j'étudiais en ATM (Art et technologie des médias au Cégep de Jonquière). J'adore cette émission et j'avais toujours rêvé y participer. Chaque fois que je la regarde, même si je ne connais pas tellement l'artiste invité, je ris, je pleure et j'ai l'impression d'avoir eu le privilège d'être entrée dans son intimité.

Quel bonheur quand on m'a invitée à y aller, je ne pouvais pas y croire. Encore une fois, mon chum a accepté de m'y accompagner. Il m'a même fait une surprise, en ouverture de l'émission, en me chantant *Ice ice Baby* de Vanilla Ice. Ha, ha! Je ne pensais jamais qu'il oserait faire quelque chose du genre à la télé. C'est bien là que je vois à quel point il m'aime.

Pourquoi cette chanson-là? C'est que Louis-Philippe m'a déjà surprise dans un karaoké, après avoir pris quelques verres de trop, à la chanter… par cœur. C'est la seule chanson qu'il fait dans un karaoké. Et j'éclate de rire toutes les fois que je le vois la «pousser». S'il y a un karaoké quelque part, c'est certain que je vais remplir un petit papier en cachette, avec son nom dessus, pour que son nom soit tiré dans la soirée, et qu'il me fasse son classique.

Alors, quand je l'ai vu sauter sur la scène, pour la chanter sur le plateau d'*En direct de l'univers*, ce fut vraiment mémorable. En plus de ma gang d'amies de Trois-Rivières et Québec qui sont venues me chanter la chanson *L'amitié*, avec mon ami Jean-Yves au piano. Pour moi, c'était vraiment spécial, parce que Jean-Yves a commencé à apprendre le piano il y a quelques années, et chaque fois que je vais à Trois-Rivières, il m'accompagne et je chante quelques chansons à ses côtés.

Je ne suis plus capable de chanter. Mais de le voir tout beau au piano, à Radio-Canada, devant un million de personnes, jouer notre pièce fétiche, j'étais touchée et en même temps tellement contente pour lui. Il vivait un grand moment. Tout ça, parce que j'avais fait un AVC, ça en valait presque la peine. C'est un des moments de bonheur que j'ai vécus qui m'a vraiment fait croire que la vie pourrait être aussi extraordinaire qu'avant. Je n'étais pas encore là, mais c'était possible d'y croire.

Oups, encore une opération

Quand le gynécologue m'a fait subir tous les tests pour l'ablation de mon fameux endomètre, il a remarqué un kyste sur un de mes ovaires. Il m'a dit de ne pas m'inquiéter, que des fois les kystes, ça revient, ça repart. Nous allions nous revoir au printemps et décider ce que nous ferions avec ça.

Le printemps arrive, et le kyste est toujours là. On convient de ne pas courir le risque que ça se développe en cancer, et d'enlever ça au plus vite.

Là, je ne l'ai pas trouvé drôle. Je commençais à trouver que ça en faisait pas mal. Premièrement, j'étais tannée de faire des tests préopératoires, postopératoires. Avoir à être à jeun, changer mes médicaments. Prendre des antidouleurs qui allaient me donner encore la nausée. Ça ne me tentait pas du tout !

Aussi, je commençais à me demander ce qui se passait avec moi. Je suis donc ben maganée ! Me semble que j'étais une femme en forme, c'est quoi tout ça ??? C'est décourageant. Mais mon chum avait raison, il m'a dit que grâce à l'AVC et tous les tests qui sont venus avec, on a eu la chance de détecter le kyste. Peut-être que si on n'avait pas su, il se serait développé en quelque chose de plus grave. Donc, on a décidé de mettre ce kyste dans la catégorie : « chanceux dans la malchance ». Au moins, on sait que j'ai ce problème et on le règle.

Alors, au mois de juin 2017, on m'enlève un morceau d'ovaire. Dernière opération ! Mon chum dit que je suis maintenant entièrement rénovée et que je sens le char neuf.

C'est ça mon année. Ajoutez à ça la fatigue extrême jusqu'au mois de janvier. Oui, on m'avait dit qu'un AVC, c'était une grosse année de fatigue et je suis chanceuse, ça a duré seulement jusqu'au mois de janvier. Mais c'est vraiment de la grande fatigue. Je faisais des exercices de lecture pendant 15 minutes et je devais faire une sieste.

Moi qui ne fais jamais de sieste d'habitude, j'en faisais deux ou trois fois par jour. Et de grosses siestes. Vous savez, quand vous êtes totalement épuisée, la tête vide, les yeux qui piquent. Ça nous arrive tous, mais quand ça m'arrivait, ça pouvait faire tout juste deux heures que j'avais fait la sieste précédente.

Durant cette année, j'ai compris ce qui est le plus difficile dans la maladie. C'est l'après. Quand tu as tout le temps de réaliser que ta vie ne sera plus jamais la même. Quand tu t'ennuies à attendre que ça revienne mieux. Quand tu dois gérer toute la paperasse qui vient avec tous les changements que tu vis.

8

Ma nouvelle routine de vie

Le dommage qui a été fait à mon cerveau m'a bien sûr compliqué la vie. Heureusement, il n'a pas trop changé ma dynamique amoureuse ou mon rôle de parent. Il y a bien sûr des ajustements, mais rien n'est venu diminuer notre plaisir d'être ensemble. Ce qui a changé, c'est mon indépendance qui a considérablement été diminuée.

Six mois après l'épreuve, les progrès ralentissent. Nous avons une nouvelle routine familiale et nous sommes maintenant habitués à cette nouvelle vie.

Voici où j'en suis un an plus tard. Le plus difficile pour moi reste d'avoir à dépendre des autres pour des choses pourtant toutes simples. J'ai toujours beaucoup de difficulté à prendre un message quand quelqu'un appelle. Combien de fois mon chum est revenu à la maison et que j'ai essayé de lui expliquer qu'il devait rappeler quelqu'un, mais que je n'ai ni le nom ni le numéro de téléphone.

Tout ce qui demande de l'écriture est difficile. Faire une liste d'épicerie est un travail qui demande toujours de la concentration. Je ne peux faire un chèque toute seule. Adresser une enveloppe, je peux le faire si j'ai l'adresse d'écrite à côté et que je n'ai qu'à copier les mots.

Au moins maintenant, je suis capable de me servir de mes cartes bancaires sans problème. Au début, lorsque je perdais mes cartes de guichet parce que je me trompais de NIP à répétition, mon chum devait appeler à la caisse pour que je reçoive une autre carte. Je me souviens d'un moment où L-P essayait d'expliquer à l'employé de Desjardins que j'étais aphasique et incapable de donner moi-même les infos dont il avait besoin. Pour des questions de sécurité, cette personne insistait quand même pour que je le fasse moi-même. Ce fut un appel extrêmement absurde où le gars de la caisse me demandait par exemple le nom de fille de ma mère, et là il entendait mon chum me donner la réponse et moi qui essayais de la répéter correctement.

Maintenant je peux conduire aussi bien qu'avant, mais pour aller à un nouveau lieu, je dois demander à mon chum de programmer mon GPS avant de partir. En chemin, si je décide d'aller à un autre endroit, je ne peux le reprogrammer moi-même, je dois appeler mon chum pour qu'il me guide au téléphone.

Au restaurant, je peux lire les choses simples du menu, mais il m'arrive souvent d'avoir des surprises. Comme dernièrement, j'avais réussi à comprendre qu'un cocktail contenait du jus de cerise, mais je n'avais pas compris qu'il contenait aussi une boisson énergisante. Je n'ai plus 18 ans, si je bois ça, je ne dormirai pas pendant trois jours. Dans des restaurants qui ont des menus compliqués, ça m'arrive souvent de recevoir mon assiette et de me dire : *Ah ouin ? C'est ça que j'ai commandé ?*

Nous avons recommencé à voyager comme avant. Ça va très bien, mais des choses ont changé. Je me demande si je serais capable de partir quelque part sans mon chum. La pensée de naviguer à travers toutes les étapes dans un aéroport, alors que je ne sais plus lire, m'intimide énormément. Un bon côté à cela, c'est que maintenant, ce n'est plus moi qui remplis la fameuse carte de déclaration dans l'avion. J'ai toujours détesté ça.

Mes voyages ont aussi changé puisque je ne parle toujours pas anglais. Avant, je pouvais me mettre à jaser avec les gens, faire des blagues. Maintenant j'écoute Louis-Philippe bavarder et j'ai l'air de la fille qui ne comprend pas un mot. Quand j'essaie de parler anglais, ça sort en français.

Pour communiquer par écrit, j'ai trouvé de petits trucs. Mon iPad m'aide énormément, je réussis à dicter les messages que je veux envoyer et l'application les écrit. Ça m'aide à envoyer des textos et à répondre aux gens sur Facebook. Grâce à ma tablette, je peux aussi m'informer. En cliquant sur les articles, Siri me les lit. Mais Siri, cette application informatique de commande vocale, n'a aucune émotion en lisant. Qu'elle me lise une critique télé ou la nouvelle d'un tremblement de terre qui a tué des centaines de personnes, elle a toujours le même ton très neutre.

Ma bouche a gardé une petite faiblesse du côté droit. J'ai tendance à me retrouver avec un peu de nourriture sur le bord de la bouche lorsque je mange, et je ne le sens pas. C'est le genre de petite chose qui me gêne énormément. Tous les gens proches de moi ont une mission claire : si j'ai quelque chose sur le bord de la bouche, on me le dit discrètement au plus vite.

Je dois faire un effort constant pour ne pas sacrer. Lorsque je jase et que j'ai du plaisir, les sacres sortent tout seuls. On m'a expliqué que lorsqu'on retrouve la parole, les sacres revenaient souvent en premier et qu'ils ont tendance à sortir plus facilement lorsqu'on ne fait pas attention. Heureusement, ça fait rire mes filles. Elles comprennent que ce n'est pas voulu et m'avertissent lorsque je blasphème trop. Quand il y a d'autres enfants autour, ça peut créer des malaises. Au soccer, j'encourage Anabelle et sans m'en rendre compte ça peut ressembler à : « C'est beau, Anabelle !!! Crisse de beau but !!! » Je n'en suis pas toujours fière, mais je fais bien ce que je peux.

C'est sûr que j'ai toujours de la difficulté à aider les filles avec les devoirs. Cependant cette année ma petite Flavie entre en première année, donc je vais essayer d'étudier avec elle et de faire les exercices à ses côtés. On va apprendre en même temps! Flavie aime beaucoup l'idée et je sais que rapidement elle va me dépasser et va pouvoir m'aider. Je crois qu'elle va être très fière d'être meilleure que sa maman.

Notre vie a changé, mais nous sommes maintenant habitués à cette nouvelle routine. C'est sûr que j'ai perdu beaucoup de mon autonomie, ça me fait quelque chose, mais je ne veux pas me faire de peine avec ça. Tout ce que j'essaie, c'est de m'améliorer. Si je suis un peu meilleure qu'hier, c'est déjà ça.

Et pour le travail

Est-ce qu'il y a pire pour une communicatrice que de ne plus pouvoir parler? J'y pense souvent et je me dis: *C'est-tu assez niaiseux de ne pas pouvoir parler, moi qui aimais tant ça.* Mais maintenant j'écoute.

J'ai la chance d'avoir un chum qui peut m'aider et qui est fier de le faire aussi. J'ai recommencé à faire des conférences, mais pas seule. C'est avec lui maintenant. Il a tout réécrit ma conférence avec les événements actuels et nous avons vraiment beaucoup de plaisir à faire nos petits spectacles ensemble. Je ne peux plus apprendre de texte, mais en même temps ça donne un naturel vraiment intéressant sur scène. Chaque conférence est un peu différente, on se fait beaucoup rire et les gens nous suivent là-dedans. J'adore la conférence que nous avons créée tous les deux.

J'ai aussi commencé à écrire des chroniques chaque semaine pour le magazine *7 jours*, mais pour ce projet, mon chum est en congé. Je les écris avec l'aide de ma grande fille Chloé qui a une très belle plume. On jase ensemble, elle prend des notes et met les mots sur papier. Je suis très fière de ce projet avec mon ado de 16 ans. Elle qui désire écrire dans la vie, je trouve que c'est une belle opportunité pour elle de prendre de l'expérience.

Ça fait maintenant un an et j'ai l'impression que ma vie professionnelle est encore plus excitante qu'avant. Avec l'aide de ma famille, on s'est créé de beaux projets. Je suis très chanceuse.

Rebondir après l'épreuve

Beaucoup de gens me demandent comment j'ai fait pour rebondir après une telle épreuve. Comme s'il y avait un truc « instantané » qui m'avait permis de passer par-dessus mon nouvel handicap. Rebondir, ça se fait chaque jour, chaque heure, presque chaque minute. C'est une série de petits bonds. On ne peut pas s'en sortir comme ça rapidement, d'un seul coup, en entendant tout bonnement une seule phrase inspirante : c'est un travail constant.

J'ai commencé à rebondir à partir du 2 juillet 2016, et je continue à essayer de rebondir chaque jour. Certains jours, je m'enfarge et je perds un peu d'altitude. Ce n'est pas grave, je recommencerai à bondir demain et éventuellement je serai « plus haute » que j'étais hier.

La résilience

D'où vient ma résilience? Pour vous dire franchement, je crois qu'on l'a tous quelque part en dedans de nous. Mais tant qu'on n'a pas eu besoin de s'en servir, on ne le sait pas!

Qu'est-ce que c'est que la résilience? Eh bien, on peut trouver plusieurs définitions comme:

La compétence face au stress.

La capacité de s'adapter aux traumatismes.

Et Louis-Philippe et moi avons créé notre propre définition qu'on aime beaucoup.

LA RÉSILIENCE, C'EST: *Quand une partie de notre vie éclate en morceaux, c'est la capacité de remettre les morceaux ensemble pour faire une image encore plus belle que l'originale.*

Merci aux gens inspirants

Si vous saviez le nombre de personnes qui viennent me voir depuis un an pour me raconter leur histoire, pour partager l'épreuve qu'ils ont vécue. Chaque fois je suis étonnée de voir à quel point les gens sont forts. Des gens qui sont en train de combattre une maladie dégénérative, d'autres qui ont perdu des enfants et qui me disent qu'ils s'en sont sortis et que la vie est belle. Des gens qui ont vécu des séparations horribles.

Tous les jours, que ce soit en personne ou par écrit, je reçois des histoires qui me font réaliser ô combien je suis chanceuse d'avoir seulement eu un AVC. Ces gens ont vécu pire que moi et viennent me dire que je les inspire, et ils m'inspirent en retour. Je crois que ça fait du bien de sentir qu'on n'est pas seul. La résilience, c'est aussi partager nos épreuves avec d'autres. Merci à tous les gens si résistants et solides, qui nous inspirent et qui nous prouvent que tout est possible.

Notre but à Louis-Philippe et moi, c'est qu'un jour on soit au foyer et qu'on se dise : *Eille, une chance que j'ai fait mon AVC, parce qu'on n'aurait pas fait toutes les belles choses que ça nous a permis de faire.*

Ça ne veut pas dire qu'on va l'atteindre, mais c'est un but qui nous motive chaque jour dans tout ce qu'on fait. C'est pour ça que toute l'année 2016, nous avons travaillé très dur, dans le bonheur, pour voir comment on pouvait tourner cette expérience en quelque chose de positif. Et il y a un moment où tous ces efforts ont pris tout leur sens… le 18 février 2017.

9

Le 18 février 2017

Le 1ᵉʳ juillet 2016 est une des journées les plus dramatiques de ma vie. Je n'ai jamais vécu un événement aussi soudain qui a fait basculer ma vie aussi violemment. Si je croyais qu'on peut lire l'avenir dans les lignes de la main, c'est l'endroit où on pourrait voir une grande cassure dans ma ligne de vie.

Le 1ᵉʳ juillet, c'est le genre de journée qui te rappelle que tu es réellement un être humain. Que la vie est fragile. Qu'on ne sait jamais ce qui nous attend. Bizarrement, passer proche de mourir, ça te ramène sur terre.

Chaque journée après le 1ᵉʳ juillet a été difficile sur certains plans, mais en moyenne, jour après jour, il y a eu des améliorations. Avec le soutien de mon chum, mes filles, ma famille, mes amies et amis, j'ai pu voir la lumière au bout du tunnel.

Mais la date la plus importante, c'est aujourd'hui. Nous sommes le 18 février 2017. Cette date est importante parce qu'aujourd'hui, je sens que j'ai atteint le même niveau de bonheur qu'avant l'AVC. Même plus! Oui! Au moment où mon chum écrit ces lignes pour moi, je me sens plus heureuse qu'avant mon accident vasculaire cérébral.

Qu'est-ce qui fait que je suis si heureuse? Eh bien, je ne suis plus fatiguée. Le plus difficile pour moi ça a été de passer à travers la fatigue. On m'avait dit qu'un AVC vient avec un an de grande fatigue. Mais voilà, depuis quelques semaines, c'est terminé. Je suis en forme! *Yes!* Finies les siestes quatre ou cinq fois par jour. Je peux bien vous l'avouer maintenant, je croyais que je serais toujours épuisée, que je ne serais plus jamais en forme.

Ce qui me rend heureuse aujourd'hui, c'est que j'ai la certitude que, malgré ce qui m'est arrivé, tout est possible. Hier nous avons fait notre deuxième conférence ensemble, mon chum et moi. Une conférence pour le Club Optimiste de Longueuil. Ces gens-là m'avaient engagée un an d'avance pour que j'aille leur présenter ma conférence: Sois ta meilleure amie. Ils commençaient à douter que je puisse aller les rencontrer.

Mais comme certains autres organisateurs, ils ont accepté que mon chum vienne m'aider. Et j'ai eu un plaisir fou! Avec lui, j'ai réussi à tout dire ce que je voulais communiquer aux gens. Et la foule était vraiment fantastique. Ils ont été si gentils avec moi. Ils savent que je n'ai pas autant de mots qu'avant et comprennent que mon chum ne fait pas de conférences dans la vie. Ils nous ont acceptés comme on est. Mais ce fut au-dessus de mes attentes. Les gens ont ri, ils ont pleuré, mais surtout on était bien tous les deux sur la scène. C'était un très beau moment.

J'étais heureuse de faire ce que j'aime le plus au monde : communiquer. Le 18 février 2017, j'ai su que ça pouvait fonctionner. J'ai moins de mots, mais les gens semblent m'écouter encore plus. C'est quand même drôle la vie.

Je sais, en ce 18 février 2017, avec certitude, que la vie me réserve plein de belles surprises. La peur et les doutes m'ont quittée. À partir de maintenant, on ne regarde plus en arrière, on fonce et on improvisera quand la prochaine épreuve montrera le bout de son nez… C'est inévitable, c'est ça la vie. Le 18 février 2017, c'est le début de la deuxième partie de ma vie. La plus belle partie, j'en suis sûre !

10

Le bonheur est un choix

Il y a des phrases qui nous reviennent à l'esprit quand on en a besoin. Moi celle qui me revient le plus dernièrement, c'est : **Le bonheur est un choix** !

Cinq mots qui font toute la différence. On devrait apprendre cette phrase aux jeunes à l'école : Le bonheur est un choix.

Shawn Achor, un optimiste contagieux et un conférencier qui a écrit des livres sur le bonheur, a une théorie vraiment intéressante. Il dit que 90 % du bonheur vient de l'intérieur et 10 % de l'extérieur. Ça signifie que si on attend que le bonheur nous saute dessus, nous allons attendre longtemps. Mais ce qui est rassurant, c'est que le bonheur n'est pas inatteignable, il est en chacun de nous, il faut seulement savoir l'activer.

Je crois que pour attirer le bonheur, ce qu'il faut, c'est sourire avant d'être heureux et rire avant que ce soit drôle. C'est comme si on mettait la table pour que le bonheur ait ensuite le goût de venir nous visiter.

De toute façon le bonheur est subjectif. Il n'est pas le même pour tout le monde, il change. Le bonheur peut être de posséder une Ferrari pour vous, et vous pouvez penser que le bonheur est une Ferrari pour tout le monde. C'est logique! Une Ferrari! Qui ne voudrait pas ça? Eh bien, savez-vous qui n'en veut pas une: mon père!

Si je donne une Ferrari à mon père, ce sera l'enfer! Premièrement, il n'osera jamais la prendre par peur de l'égratigner. Il vivrait un stress constant à essayer d'éviter chaque mouche qui vole vers lui sur la route. Deuxièmement, il ne pourrait en sortir sans les pinces de désincarcération. Troisièmement, il aurait toujours peur de perdre le contrôle dans chaque courbe. Une Ferrari, qui est un des symboles du bonheur, peut être le malheur pour d'autres. C'est une preuve que le bonheur n'est pas une chose précise. Pour mon père, le bonheur, c'est une Toyota Camry!

Pensez à ce que certaines personnes voient comme le bonheur, et vous verrez à quel point les opinions divergent à ce sujet.

- Dormir au Bristol à Paris *vs* faire du camping sauvage

- Avoir un travail qui nous permet de voyager partout dans le monde *vs* avoir un emploi qui nous permet d'être le plus souvent possible avec notre famille.

- Avoir 12 enfants *vs* être seul et faire ce qu'on veut.

- Une assiette de sushis *vs* une grosse poutine.

Il y a autant de définitions du bonheur qu'il y a de gens sur la Terre.

Pour certains, le bonheur, c'est simplement une bière sur son patio le vendredi après le travail. Et pour d'autres, ça prend plus. Ça prend le champagne, sur un yacht ancré devant sa maison qui donne sur l'intercostal à Fort Lauderdale.

La preuve que le bonheur est subjectif, c'est que le bonheur change sans arrêt. Il évolue. Quand vous avez eu 18 ans, le bonheur était une voiture. N'importe laquelle. Juste une voiture ! Vous vous disiez : *Si je réussis à juste avoir une voiture, je vais être parfaitement heureux, il ne me manque que ça.* Vous avez eu votre voiture d'occasion. Le bonheur était là, stationné dans la rue devant votre deux et demi. Que s'est-il passé au fil des mois ? Le bonheur s'est transformé. « C'est ben le fun une auto, mais ce qui me rendrait vraiment heureux, c'est une auto neuve. Une petite auto, pas chère mais neuve. » Puis vous avez eu votre véhicule neuf, c'était le bonheur. La vie était parfaite. Vous n'aviez besoin de rien de plus. Pour quelque temps…

Et le bonheur s'est transformé de nouveau. « C'est ben beau une petite auto, mais je manque d'espace.

Je n'ai pas les sièges chauffants. L'hiver, le bonheur serait de me faire « chauffer les fesses » quand je monte dans ma voiture». Vous avez eu cette auto avec le chauffe-derrière… le bonheur!!!! Pour combien de temps? Vous connaissez la suite?

Comme on le voit, les humains s'habituent à tout! Les mauvaises comme les bonnes choses. Avec le temps qui passe, on retourne toujours à notre état de bonheur habituel.

Ça arrive avec le malheur aussi… Quelqu'un qui perd une jambe va être très malheureux sur le coup, mais avec les mois qui filent, il va s'habituer, et un jour, il devrait revenir au même état de bonheur qu'auparavant. Il va avoir l'impression qu'il a toujours eu qu'une seule jambe et il va sans doute être aussi heureux qu'il l'était avant de perdre sa jambe.

De la même façon, quelqu'un qui gagne un million au loto va être beaucoup plus heureux pendant un certain temps, mais à mesure que les semaines et les mois s'écoulent, il va s'habituer et revenir à son état normal de bonheur. Si c'était un gars de la classe moyenne malheureux, avec les mois qui passent, c'est très possible qu'il devienne un riche malheureux. Ce qui veut dire que si vous achetez un billet de loto, assurez-vous d'être heureux avant parce que si vous gagnez, ça a l'air fou un millionnaire qui fait toujours la « baboune ».

Le bonheur n'est rien de défini. C'est un état d'esprit. Le bonheur est un choix, il vient de l'intérieur. On cherche toujours à obtenir plus, mais il suffit de s'arrêter et de prendre le temps de regarder ce qu'on a. On a souvent amplement de choses autour de nous pour être inondé de bonheur.

C'est quoi le bonheur?

J'ai demandé aux gens sur mon compte Facebook ce qu'était le bonheur pour eux.

Voyez comment les réponses sont variées, mais ce sont toujours de bonnes réponses. Le bonheur est propre à chacun.

• • •

(Pris du Facebook de Josée, le 28 juin 2017)

Josée Pilote : Il y a plusieurs années (mon fils aura bientôt 19 ans), c'était de tenir la petite main de mon fils dans la mienne ! Tenir sa main est maintenant un moment plus rare, mais toujours aussi agréable ! Un grand plaisir dans ma vie !

Mélanie Quirion : Tous les petits bonheurs au quotidien, l'odeur du café le matin. Écouter les oiseaux chanter. Prendre le temps d'admirer la nature. Toutes des choses que je ne réalisais pas avant mon diagnostic de cancer. Prendre un bon repas en bonne compagnie, avec un bon verre de vin et un succulent dessert. 😊 Et il y en aurait plusieurs autres...

Diane Labelle : Le bonheur est de respirer l'air frais du matin, de sentir le doux vent ainsi que la chaleur du soleil ! MAIS surtout de savoir que mes enfants sont bien et qu'ils puissent réaliser leurs rêves. Ma petite fille a gradué en juin, et ce fut un bonheur immense rempli de fierté. C'est aussi l'amour de mon chum qui est l'amour de ma vie ! Et voilà, ma belle Josée.

Sylvie Massé : Le bonheur, c'est d'avoir eu le privilège d'étudier et de m'apercevoir qu'après 26 ans de travail au même hôpital, j'aime toujours mon travail ; et que ma motivation principale n'est pas mon revenu, car c'est ma deuxième famille, je passe 35 heures/semaine à mon travail, des liens d'attachement se créent à travers les années. En passant, merci d'embellir nos vies, ma vie. xxxxx

Diane Vivier : Prendre mon café du matin dehors sur ma balançoire et tricoter… louer un chalet avec mes enfants et mes petits-enfants… quand mon perroquet me dit le matin coucou… me réveiller et me dire une journée neuve qui commence… ma chum qui vient me chercher le matin pour aller travailler avec une bonne toune… une dégustation de bière avec mon chum. Avoir la santé… Être en vie, c'est ça le bonheur…

Hélène Paradis : Ma fille aura 13 ans, mais je continue d'aller l'embrasser quand elle dort. Je la tiens dans mes bras pour la bercer et je me mets le nez dans son cou. Sa chaleur et son odeur ne changent pas. Elle ne se réveille pas vraiment. Et je peux la bécoter sans qu'elle dise un mot. Un vrai bonheur !

Chantal Lanthier : Pour moi, le bonheur est dans le partage. Partager les instants avec les amis, la famille. Investir les liens du cœur. C'est aussi partager ses connaissances, son expérience et être reconnaissante de ce que la vie met sur ma route. Je suis atteinte de la SLA et mes jours sont comptés, alors j'apprécie la vie au maximum.

Pascale Lapointe : Le bonheur pour moi, c'est quand j'arrive de travailler… le soir, je m'installe sur le divan avec un livre et un bon café…

Diane Gagnon : Mon petit bonheur, c'est de pouvoir faire mes activités quotidiennes sans souffrir et avoir des douleurs. J'ai une maladie de Crohn périnéal fistulisante, et je ne peux faire de petites choses banales parfois, comme marcher ou faire mon épicerie, et surtout de pouvoir le faire avec mon ange, mon mari, qui est là avec moi sans laisser ma main. Voilà. 😊

Diane Pilon : Vivre certaines épreuves de la vie, de t'en sortir et de voir la vie différemment. Sortir dehors, respirer l'air frais, regarder le soleil se lever, se coucher, les fleurs ouvrir, les insectes se promener, les mouches à feu le soir, les étoiles, la lune, même la foudre des derniers jours. Tout ce qui me fait vivre et réagir m'épate. 🙂

Camille Thomas : Aller travailler et être heureuse, c'est d'avoir le sentiment de ne jamais travailler dans la vie! Je m'amuse dans mon travail et j'ai toujours un sourire durant la journée 😄💆 sans oublier, me faire flatter les cheveux! 💇 Ça, c'est du pur bonheur.

Marie Potvin : c'est de regarder mes légumes pousser dans mon potager et de trouver que ma laitue, c'est la meilleure au monde. J'éprouve même un certain bonheur à enlever mes mauvaises herbes. 🌱

Valérie Fortin : Ce soir, c'est de voir mon grand graduer du secondaire. C'est réaliser qu'on a réussi à lui transmettre de belles valeurs… Mon bonheur, c'est ma fierté de réaliser mes accomplissements.

Lucie Boudreault : D'avoir fait la connaissance de trois amies qui m'ont fait sortir de ma coquille à l'âge de 40 ans, mon début de vraie vie. Un conjoint qui croit en moi plus que moi. 🙂

Annie Lizotte : Quand mes enfants s'obstinent le soir à savoir qui m'aime le plus gros... et comment gros ! Souvent, ils m'aiment aussi gros que le gâteau au chocolat, comme la pomme et comme l'univers ! 🙂

Sandral Sylvainb : Le bonheur ce soir, c'est d'avoir, 15 ans après l'événement, visité le lac où ma fille de 8 ans s'est noyée avec un collègue, un ami qui a tenté de la sauver. J'étais prête, j'ai vu et entendu, et je suis zen ce soir. La vie est belle malgré ses terribles épreuves. Le bonheur, c'est d'être en paix, d'être aimée et d'accepter que je ne peux tout décider…

Céline Fréchette : Depuis que j'ai la leucémie j'avais tenu pour acquises les petites choses comme pouvoir prendre un bain. Maintenant que mes cheveux repoussent, c'est de pouvoir me coiffer, sortir de ma zone d'isolement et pouvoir sortir dehors marcher, et pouvoir aller prendre un café au resto. J'aime parler sur Skype avec mon fils, il me fait tellement rire; pouvoir manger et surtout pouvoir encore vivre. 🖤

Nathalie Leclair : Juste avoir une journée de congé de mon travail… que je trouve de plus en plus difficile pour moi… mais je suis encore loin de la retraite (2023), alors un congé et je suis aux anges…

Elizabeth Léger : Pour moi le bonheur, c'est voir mes enfants rire ensemble. À chaque fois, la Terre pourrait arrêter de tourner à cet instant précis, et mon cœur serait heureux.

Christian Paquet : Pour moi le bonheur, c'est quand j'me laisse être heureux.

Suzanne Perron : Jouer avec mon chat, un pur bonheur pour moi, pendant 10 ou 15 minutes par jour, je décroche totalement !!

Nadine Lessard : Pour moi le bonheur, c'est simplement d'être vivante. Je suis dialysée depuis le 11 mai 2016. Je savoure chaque seconde.

Sylvie Giard : Pour moi le bonheur, c'est de voir et d'entendre ma « blonde » rire aux éclats ! Ça me fait du bien… 🖤

Papillon Doux : Le bonheur, c'est quand il fait frais et que tu as froid, et que tu te couches contre ton chum qui est chaud ! La sensation que cela fait !!!!!!!

Nancy Martin : Moi mon bonheur, c'est vivre le moment présent avec mon chum qui a l'ataxie. Un homme merveilleux très résilient et humain. Nous sommes à nos tout débuts de notre relation : huit mois. Mais j'aurais tellement aimé que l'on se trouve il y a longtemps. Mais on dit que rien n'arrive pour rien. Alors on savoure notre bonheur au quotidien. 😊

Josée Dumas : Pour moi, une doudou, une revue et mon tricot ! ! Mon mari et mes enfants, pas trop loin, bien sûr. 🖤

Guylaine Tardif : Mon grand bonheur, c'est quand mon fils de 33 ans (syndrome d'Asperger) me souhaite chaque matin un bonjour et me demande : « As-tu bien dormi ? », avec un merveilleux sourire. xxx

Lyne Carreau : Dernièrement mon bonheur, c'est d'avoir une belle conversation avec mes beaux ados.

Marlène Jacob : Un déjeuner entourée de gens que j'aime. Pourquoi un déjeuner ? Parce que cela se passe le matin. Un matin, c'est le début d'une autre journée, et une autre journée, vivante, entourée des miens, eh bien, c'est cela le bonheur. Mon année a été difficile comme la tienne Josée, mais aussi comme toi, j'en suis sortie la tête haute (les cheveux repoussent enfin), et j'apprécie ce grand bonheur à chaque jour. Bonne rédaction à vous deux.

Caroline Giguère : Quand j'ai du temps pour moi (maman d'une belle ado autiste) et que je peux aller me chercher un café chez Tim Hortons ou quand je suis chez moi et que quelqu'un m'en apporte un ! ☕ 🖤🖤

Marie-Claude Trudeau : Un lac, un kayak, le cri d'un oiseau, le clapotis d'une grenouille et le soleil sur ma joue. 🙂

• • •

En 20 minutes, j'avais déjà reçu 400 définitions du bonheur, et ça n'arrêtait plus de rentrer. Chaque définition avait quelque chose qui me touchait, j'aurais pu toutes les mettre dans ce livre. Si vous voulez toutes les lire, allez sur ma page Facebook, le 28 juin 2017. Voyez à quel point le bonheur est là autour de nous, il ne faut que faire un petit effort pour le trouver.

On est souvent plus chanceux qu'on pense

La mémoire ne nous aide pas à nous faire réaliser à quel point nous sommes chanceux. Pourquoi à l'épicerie choisit-on toujours la ligne d'attente la plus lente? Pourquoi pleut-il toujours quand on veut faire une sortie à l'extérieur? Pourquoi quand on tient plein de sacs et qu'avec difficulté on met notre main dans notre poche pour trouver nos clés, on n'est jamais dans la bonne poche dès le premier coup?

Pourquoi ça nous arrive toujours? En fait, ça vous arrive beaucoup moins que vous pensez. Vous choisissez sûrement bien plus souvent une file qui avance normalement à l'épicerie, vous avez sûrement pas mal plus de journées de soleil que de pluie quand vous sortez. Et selon les statistiques, vous choisissez la poche où se trouvent vos clés la moitié du temps.

Mais savez-vous quoi? Votre cerveau ne se concentre pas sur les fois où c'était «normal». Il ne se souvient pas de toutes les fois où votre carte d'hôtel a bien fonctionné pour déverrouiller la porte de votre chambre. Mais il se souvient très bien des trois fois où la carte s'est retrouvée démagnétisée et que vous êtes retourné au hall d'entrée pour en avoir une autre. Ces trois épisodes de cartes démagnétisées prennent le dessus sur toutes les autres, et dans votre tête, vous êtes une personne qui a toujours des cartes d'hôtel qui ne fonctionnent pas.

Vous êtes plus chanceux que vous pensez.

Un mot sur l'argent

Dans nos recherches, mon chum et moi sommes tombés sur un livre qui parle justement de bonheur et qui s'appelle: *Et si le bonheur vous tombait dessus* de Daniel Todd Gilbert.

Le livre explique que les psychologues et les économistes ont passé des années à étudier la relation entre la richesse et le bonheur et ils ont découvert que oui, l'argent peut faire le bonheur… mais… à une condition. Ils expliquent que l'argent nous rend plus heureux quand il nous sort de la misère. Mais qu'ensuite, l'argent ne fait plus une grande différence sur notre niveau de bonheur. Ils donnent un exemple en disant que quelqu'un qui fait 50 000 $ par année est généralement beaucoup plus heureux que quelqu'un qui en fait 10 000 $. Mais qu'ensuite, quelqu'un qui fait 5 millions par année n'est pas vraiment plus heureux que quelqu'un qui en fait 100 000 $.

Donc, si vous passez de 0 $ à 100 000 $, vous serez beaucoup plus heureux. Mais de 100 000 $ à 200 000 $, le bonheur ne va pas doubler.

Bill Gates est heureux, mais il n'est pas un million de fois plus heureux que vous.

En fait, ce qu'ils expliquent dans *Et si le bonheur vous tombait dessus*, c'est que lorsqu'on a mangé notre portion de crêpes, plus de crêpes ne sera pas mieux. Si vous êtes heureux après trois crêpes, trois crêpes de plus ne doubleront pas votre bonheur et trois autres encore ne le tripleront pas. C'est facile à comprendre avec des crêpes, mais moins avec l'argent. Et pourtant, selon les études, ce serait la même chose.

C'était ma petite parenthèse pour vous dire que si vous ne trouvez pas votre bonheur dans votre compte de banque, prenez donc le temps de regarder ailleurs.

Mon petit guide du bonheur

Dans mes livres, j'ai déjà parlé des poignées de porte qu'il fallait oser ouvrir pour aller voir ce qui nous attend de l'autre côté. Cette année, je me suis concentrée sur les portes du bonheur. J'ai tourné plein de poignées, je suis allée voir ce qu'il y avait de l'autre côté, et il y a certaines portes que j'ai laissées grandes ouvertes. Ce qu'il y avait de l'autre côté de ces portes me faisait du bien. J'aimerais partager avec vous ce que j'appelle : MON PETIT GUIDE DU BONHEUR. Ce sont les portes que j'ai laissées ouvertes au cours de cette année et qui m'ont aidée à me rendre au 18 février 2017 avec un grand sourire.

11

L'humour

Pour moi, l'humour est la plus grande porte vers le bonheur. Je ferme rarement cette porte, c'est une porte de garage double toujours ouverte.

Rire de quelque chose de grave, ce n'est pas le prendre à la légère. Ce n'est pas parce que je ris de mon aphasie que je ne prends pas ce qui m'est arrivé au sérieux, au contraire, c'est la preuve que je le prends très au sérieux.

Rire, c'est ma thérapie. Ça m'a aidée sur tellement de plans. Dès la première semaine après l'AVC, c'était important pour moi d'aider les gens qui venaient me rendre visite. Je ne voulais pas que mes amies marchent sur des œufs en me parlant, et je ne pouvais surtout pas imaginer que les gens allaient me regarder avec des yeux remplis de pitié. La meilleure façon pour baisser la tension, c'était de rire de moi. Rire de ce qui s'était passé. Rire de cette grande absurdité : qu'un caillot de sang minuscule avait réussi à venir voler presque tous mes mots, moi qui en avais tellement avant.

Quand je pense à ce que la vie m'a fait, je comprends une chose : <u>La vie ne prend rien au sérieux, alors pourquoi je la prendrais au sérieux ?</u>

C'est pourquoi nous avons rapidement fait une première vidéo sur Facebook où je parle aux gens. En fait, je parle en tenant des pancartes que mes enfants ont écrites si gentiment pour moi. Avec mon chum, nous avons trouvé un concept qui nous faisait rire et qui, en même temps, était rempli d'émotion.

Voici ce que nos petits cartons disaient :

– Bonsoir tout le monde

– Merci pour tous vos messages

– Ils me font vraiment chaud au cœur

– Je veux vous dire que je vais bien

– Je travaille fort pour retrouver le langage et l'écriture

– Mais au moins j'ai toute ma tête

– Banana split

– Pneus d'hiver

– Prout prout crotte

– Enfin presque toute ma tête

– Mais merci encore

– Je vous aime

C'était vraiment niaiseux, mais c'était ma façon de dire : je vais bien aller, je vais passer au travers parce que je peux déjà en rire.

Cette vidéo a été vue 2,2 millions de fois ; ce qui m'a donné la chance de recevoir tellement de beaux messages. J'ai reçu de l'amour par grandes pelletées. Ça m'a fait du bien. J'étais habituée d'aller rencontrer les gens, je ne pouvais plus le faire, mais de cette façon ils venaient à moi. Je ne pouvais lire les messages moi-même, mais je m'assoyais avec mon chum le soir et il me lisait une « batch » de messages. Il me faisait la lecture de ce qu'on avait reçu, et quand il avait terminé, on en avait reçu encore deux fois plus.

C'est quoi l'humour ?

Avec mon chum, j'ai voulu savoir ce qu'est l'humour exactement.

Pour moi, l'humour, c'est le gaz de la résilience. Dans mon cas, c'est l'humour qui a fait toute la différence.

Mon chum a cherché quelques définitions et en a trouvé une très intéressante. L'humoriste Milton Berle disait : « Rire, c'est des vacances instantanées. »

J'aime cette définition toute simple. Rire nous fait décrocher pendant un instant… et ce qui est bien, c'est qu'on peut décrocher tant qu'on veut dans une journée… Ce sont des vacances qui ne coûtent rien et on n'a pas besoin de manger le repas de l'avion.

L'humour, c'est aussi un médicament. Selon plusieurs études, le rire renforce le système immunitaire, c'est un antidouleur, et il nous protège des effets ravageurs du stress. Je ne sais pas si c'est vrai, mais ça vaut la peine d'essayer. Rions en masse ! Il n'y a aucun effet secondaire !

Une des définitions qui est venue le plus me chercher vient d'un film de Woody Allen. Dans le film *Crimes et délits* de Allen, il y a le personnage Lester, joué par Alan Alda, qui aime lancer à tout le monde sa théorie de ce qu'est l'humour, et je trouve qu'elle est assez juste.

Il dit : « <u>L'humour, c'est simple : c'est la tragédie plus le temps.</u> »

Ce que ça veut dire, c'est que lorsque quelque chose de dramatique nous arrive, si on laisse passer assez de temps, on va pouvoir en rire un jour.

Devenez des Michel Barrette

Pensez-y, la plupart de nos anecdotes préférées étaient à la base des malchances. Une anecdote, c'est en fait une mauvaise expérience qui, avec le temps, est devenue drôle. C'est rare qu'on entende : « Eille, faut que je te raconte quelque chose. Aujourd'hui, en allant au bureau, ça a super bien été, j'ai trouvé un stationnement rapidement et la journée s'est vraiment bien déroulée. » Non, mais c'est-tu assez plate ?

Quand on pense aux humoristes comme Michel Barrette, P-A Méthot ou Jean-Marc Parent, leurs meilleurs numéros partent souvent d'une aventure qui a mal tourné. Michel a des milliers d'histoires racontant des milliers d'accidents de voitures. Je suis sûr qu'au moment où il les a vécus, il ne trouvait pas ça particulièrement drôle, mais rapidement il a dû se dire : *Yes ! j'ai une histoire de plus à raconter.*

Si on s'habitue à voir l'humour des situations plus difficiles, on s'en sort beaucoup plus vite.

Michel Barrette a même fait un de ses meilleurs numéros en parlant de sa tentative de suicide alors qu'il était adolescent. C'est un numéro extrêmement touchant, mais drôle en même temps. Sa faculté de rechercher l'anecdote dans toute situation a dû l'aider à voir le comique dans un aussi gros drame. En le racontant avec humour des années plus tard, ça a dû être une façon pour lui de se libérer du poids de l'événement. Rire dédramatise les événements, on est bien chanceux, nous les humains, d'avoir cette faculté incroyable : le rire ! Servons-nous-en !

Lorsque vous vivez quelque chose qui n'est pas plaisant à la base :

– Vous avez oublié sur quelle rue vous avez garé votre voiture à Montréal et vous courez

pendant une heure sous la pluie en essayant de
la retrouver.

– En gesticulant au restaurant, vous avez accro-
ché un serveur qui a échappé le contenu de son
cabaret sur la fille avec qui vous sortiez pour la
première fois.

– Vous avez mis le feu à votre grand-mère ? (Oui,
c'est déjà arrivé à mon chum, elle s'en est bien
sortie. Si vous venez à notre conférence, il vous
le racontera. Ha, ha !)

Chacun de ces exemples est dramatique à sa façon.
En tout cas, on souhaite que rien de tout ça ne nous
arrive. Mais lorsque vous vivez un tel événement, vous
avez aussi un cadeau : une anecdote !

Oui ! Une histoire à raconter le vendredi soir à
votre 5 à 7, avec vos amies de filles. Cette histoire va
être bien meilleure que le petit blabla traditionnel avec
toujours les mêmes histoires de bureau monotones. Si
votre malchance fait rire les autres, elle sert au moins à
quelque chose.

Notre anecdote préférée

Mon chum et moi, nous avons notre anecdote
préférée et nous éclatons de rire chaque fois que nous la
racontons, mais quand c'est arrivé, sérieusement, je ne
riais pas. C'est peut-être la seule fois où je me suis vue
dans mon imagination en train d'étrangler mon chum.

Mais maintenant, c'est une histoire que nous racontons toujours en riant.

Ça devait faire deux ans que je sortais avec L-P. Nous venions d'acheter notre première maison ensemble à Boucherville. Ce jour-là, mes parents venaient nous visiter du Saguenay. Ils venaient tout juste d'arriver à la maison, je les fais asseoir à la table à pique-nique dans la cour, et je dis à mon chum que je dois aller chercher Chloé à son camp de jour. Le camp est quand même assez loin. Je dois passer par Saint-Lambert, mais dans les embouteillages de fin de journée, ça peut me prendre plus qu'une heure. Alors je donne une mission à mon chum. «Occupe-toi de mes parents. Aussi, allume le BBQ et mets les brochettes sur le grill parce que mon père est habitué de manger toujours à 17 h et s'il mange plus tard, il n'est pas bien.» Mon chum me dit: «Pas de problème, chérie, je m'occupe de tout!»

Je pars en toute confiance, certaine que Louis-Philippe va s'occuper adéquatement de la situation. Il est 16 h 30. À 17 h 45, je reviens à la maison. Je sors de mon auto, bizarre, ça ne sent pas le BBQ. Je vais dans la cour, et effectivement, le BBQ ne fonctionne pas et mes parents sont toujours assis dehors à la table de pique-nique, en plein soleil. Ils n'ont rien à boire, ils sont en train de se déshydrater, mais ils sont trop gênés pour rentrer dans la maison et se servir, alors ils attendent. Je leur demande: «Il est où, L-P?» Ils me répondent: «On ne le sait pas trop, il nous a jasé un peu, puis y'a une heure environ, il est allé aux toilettes et on ne l'a jamais revu.»

Je commence à pomper un peu. J'espère presque qu'il soit blessé, pris en dessous d'un meuble qui est tombé sur lui dans la maison. Je rentre, je ne le vois pas, je vais dans la chambre, et savez-vous où je l'ai trouvé ? Sur le lit ! Il dort !!!! Je crie : « Qu'est-ce que tu fais là ? » Il se réveille en sursaut, avec les yeux d'un gars qui s'endort le jour et qui est tout confus.

Mon chum a cette mauvaise habitude. Quand il jase autour d'une table, les conversations ont souvent le don de l'endormir. Quand il n'en peut plus, il fait semblant qu'il doit aller aux toilettes pour se reposer. Il roule le tapis de bain pour se faire un oreiller et se couche par terre un petit cinq minutes, ni vu ni connu. Il a voulu faire la même chose, mais il a fait l'erreur de se coucher sur le lit, alors il s'est endormi plus profondément que sur un plancher de salle de bain.

Je me vois retourner vers mes parents dans notre cour, brûlés par le soleil et affamés, raconter que mon chum a eu un téléphone important… qui a duré une heure. Mais lui a de toute évidence les cheveux d'un gars qui a fait une sieste et on remarque distinctement le pli de la couverture imprégnée sur le côté de son visage.

Bravo, L-P !!!

Ce n'était pas drôle… mais c'est devenu drôle.

Réduire le temps entre la tragédie et l'humour

Donc, si on revient à la définition de l'humour qui est la tragédie + le temps, la différence entre une personne positive et négative, c'est le temps entre cette tragédie et le moment où il est capable d'en rire.

Tous les jours, nous pouvons apprendre à réduire le temps qui passe entre la tragédie et le rire. Tous les jours, il nous arrive des mini-tragédies, prenons-les comme des opportunités d'augmenter notre vitesse pour passer du malheur au rire. Tous les jours, on en profite pour se faire les mollets avec les mini-drames et de cette façon : la journée où on se retrouvera face à un malheur de catégorie marathon, nous serons capables de rebondir plus rapidement jusqu'à la ligne d'arrivée.

Tous les jours, réduisons ce temps. Certaines personnes vont tomber dans une flaque d'eau et vont être fâchées pendant deux semaines. Et il y en a d'autres qui vont rire avant même de s'être relevées. Vous pouvez, avec le temps, devenir cette personne qui rit les deux fesses dans l'eau.

L'autodérision s'apprend

Oui, l'autodérision s'apprend.

Une des façons, c'est de regarder l'événement de l'extérieur. C'est très facile rire des autres, on le fait à longueur de journée en regardant des vidéos sur Facebook avec des jeunes qui s'envoient leur *skate-board* entre les deux jambes ou d'autres qui essaient un *moto-cross* pour la première fois et foncent dans une clôture. Tous les jours, on peut perdre des heures à regarder des montages vidéo de gens malchanceux.

C'est plus facile de rire des autres que de nous-même. Alors, quand il vous arrive quelque chose que vous ne trouvez pas drôle, un truc c'est de regarder la situation du point de vue de quelqu'un d'autre. Si vous vous étiez vu faire, auriez-vous ri ?

L'autodérision s'apprend. Il faut seulement faire un effort conscient au début, et avec le temps, ça va être tout naturel.

Par exemple, vous êtes dans un ascenseur bondé et vous pétez, deux choix s'offrent à vous. Vous pouvez faire semblant de chercher le coupable avec les autres. Vous regardez autour et devenez tout à coup un grand comédien : vous êtes le Columbo du « pet disparu ». Ou vous pouvez tout de suite vous libérer de tout ça. Osez ! Levez la main et dites-le : « C'est moi qui ai pété, c'est ma faute ! Je suis désolé, c'est pas mon genre, mais que voulez-vous, je n'ai pas pu le retenir et c'est arrivé ! »

Vous allez gagner un bon 100 points d'autodérision d'un coup !

Je pense sincèrement que l'autodérision est un muscle. Faut le pratiquer. Au début, ça fait plus mal, mais plus vous l'exercez, et plus c'est facile. Et franchement, l'autodérision est vraiment un beau cadeau à se faire. Ça enlève tellement de stress. Si je n'étais pas capable de rire dans l'épreuve que je vis, ce serait tellement plus difficile.

Lorsqu'une situation gênante vous arrive, vous avez deux choix : mentir ou assumer. Prenez l'habitude d'assumer. Avec le temps, vous allez développer un sens de l'autodérision à toute épreuve.

Si je n'avais pas déjà développé mon sens de l'autodérision avant, je ne crois pas que j'aurais pu rire aussi rapidement de mon aphasie en faisant des vidéos sur Facebook. Je me serais cachée beaucoup plus longtemps, et tout aurait été beaucoup plus difficile.

Eh oui, maintenant quand je dis le mot *texte*, ça sonne comme *sexe*. Et l'autre jour, dans un restaurant, quand des gars très virils qui devaient travailler dans le domaine de la construction m'ont donné une chaise dont ils ne se servaient pas à leur table, je leur ai dit: « Merci, les filles! »

Quand je dis le mot « facile », ça sonne comme « fafile ». On dirait que j'imite le personnage de Priscilla, de Jean-Michel Anctil.

Si je me décourage et me laisse aller à broyer du noir, ça ne va pas changer le fait que je dis « fafile ». Alors je ris.☺

Mais l'autodérision, ça se travaille avec le temps, avant que les grosses épreuves arrivent. Si on attend à la dernière seconde, ça ne sera pas aussi *fafile*.

Planifiez donc de tomber dans une flaque d'eau cette semaine pour commencer tout de suite à vous y exercer.

Les « qualifauts »

Riez de vous! Riez de vous avant que les autres se moquent de vous.

Vous avez complètement manqué une réno? Vous faites finalement venir un pro qui regarde le travail et demande: «C'est qui l'imbécile qui a travaillé comme ça?» N'inventez pas une histoire du style: «C'est mon beau-frère… moi je le lui ai dit que ce n'était pas de même… blablabla… »

Non! Sautez sur l'occasion de développer votre autodérision: «C'est moi, l'imbécile! Je suis pourri en rénovation, mais super bon pour appeler de l'aide. »

Nous, les humains, nous sommes tous imparfaits, et savez-vous quoi? J'adore ça. Je trouve les défauts des gens souvent plus intéressants que leurs qualités. En fait, je n'aime pas comment, dans la vie, on a simplifié ce qu'est une personne en séparant le tout en deux catégories. «Une personne a des qualités et des défauts. Les qualités c'est bon, et les défauts seraient des choses à corriger. » Non!!!

Je trouve qu'il devrait y avoir trois catégories au lieu de deux.

Premièrement, les qualités comme on les connaît. Tous les classiques comme: la gentillesse, la patience, la ponctualité, la générosité, l'honnêteté, l'amabilité, la minutie, la délicatesse ou la chance de friser naturel.

Deuxième catégorie, les défauts. Cependant, je trouve que les défauts ne devraient être que des aspects vraiment très graves. Nos mauvais côtés qui rendent la vie beaucoup plus difficile pour nous-même et pour les gens qu'on aime. Comme l'alcoolisme, le jeu, etc.

Et entre les qualités et les défauts, il devrait y avoir : les *qualifauts*! Ce sont toutes les petites choses qui nous rendent unique. C'est la couche de couleur sur notre personnalité.

On aime tous connaître des gens propres, ordonnés, gentils, patients et qui ne font pas de «si» avec les «rais», mais en même temps, si tout le monde était comme ça, ce serait ennuyant. Ça prend de petits défauts pour donner de la personnalité à tout ça. Quelque chose comme une dent qui a le don de toujours garder un morceau de salade bien en vue quand la personne sourit. Ou un petit défaut de langage, un petit bouton sur le bout du nez, quelque chose. Ce sont les petits défauts qui nous rendent mémorables.

Mon chum a un *qualifaut* qui le rend très attachant. Il a un trouble de déficit de l'attention. Il le traite maintenant avec des médicaments, mais il a toujours été un gars distrait. C'est son *qualifaut*. Je dis souvent que mon chum est fait pour vivre dans un bungalow parce que dès qu'il va chercher quelque chose et qu'il doit monter ou descendre d'un étage, il oublie ce qu'il allait chercher. Tu l'envoies chercher une paire de souliers à la chambre, il va revenir les dents brossées, mais pas de souliers. C'est tannant, mais ça donne un paquet d'anecdotes. C'est ça qui fait que mon chum est mon chum.

Il part à l'épicerie acheter une livre de beurre et c'est très possible qu'il revienne avec deux rouleaux d'essuie-tout et une dinde congelée de 20 kilos! Avec lui, on ne sait jamais!

Il ne se rappelle que très rarement où il range les choses. S'il défait le trampoline à l'automne, c'est impossible qu'il retrouve les vis au printemps. Et s'il les retrouve, bonne chance pour qu'il se souvienne sur quel morceau de trampoline elles vont.

Moi j'ai plein de *qualifauts*. Ceux qui ont vu ma première conférence qui s'appelait *Sois ta meilleure amie* se souviennent que je parlais de mon petit « mou » de bras. Je hais mon petit mou de bras, je m'entraîne, je fais tout ce qui est possible pour faire disparaître ce double menton de biceps, mais il ne veut pas me quitter, il m'aime trop. Alors je m'en sers pour faire rire. Dans ma conférence, je me tâtais le mou de bras, le faisais bouger et tout d'un coup le regardais et je disais : « Voyons donc, j'avais pas ça hier! »

Ensuite, j'enchaînais en disant : « Mais je n'peux pas m'en sortir de ce mou de bras-là! C'est *toute* comme ça dans ma famille. C'était pareil pour ma grand-mère, dans une petite robe pas de manches, elle ressemblait à une chauve-souris. C'est pas mêlant, en restant assis à table, elle était capable de tuer une mouche sur le mur. Ploc! (*Mimant que la grand-mère donnait un swing de mou de bras vers le mur*) ».

Je suis nouille en informatique. Pendant au moins deux ans, mon chum m'a expliqué patiemment et régulièrement comment faire un copier-coller sur l'ordinateur. Plusieurs fois par semaine il m'entendait crier : comment on fait un copier-coller déjà ? ? ?

Et ça, c'était avant mon AVC. Imaginez maintenant !

Trouvez vos *qualifauts*, riez-en. Amusez-vous avec ce que vous êtes.

Si je ne riais pas de mon défaut de langage, ce serait beaucoup plus difficile, je serais découragée chaque fois que j'essaie de parler. L'autre jour, mon chum arrive dans le salon et il me voit, les yeux ronds, je venais de voir un drame aux nouvelles et je voulais lui en parler. Alors je lui dis :

— Mon Dieu, as-tu vu ça ? Il y a un gros cheveu !

— Un gros cheveu ?

— Oui, il y a un gros, gros cheveu ! C'est triste pour les gens.

— Ben là, c'est pas grave, un gros cheveu. Y'a beau être gros, je peux pas croire qu'ils ne peuvent pas le tasser pour sauver le monde !

— Non ! ! ! Un cheveu ! ! ! !

En fait, je venais de voir des images de l'incendie de Londres. Je parlais d'un feu. Même si je me fâchais, ça donnerait quoi ? Je ne serais pas plus capable de dire le mot feu, et en plus je passerais une mauvaise journée.

Mes meilleurs amis ont des *qualifauts* qui les rendent vraiment amusants.

J'ai une amie qui oublie toujours tout. Elle vient nous visiter et il faut toujours que je lui envoie une paire de lunettes par la poste, une paire de sandales…

J'ai un ami qui n'est pas capable de venir souper chez nous sans se mettre à contrôler ma recette. Il a toujours le nez dans mes chaudrons, c'est plus fort que lui.

J'en ai un autre qui manipule le passé. Chaque fois qu'il raconte une anecdote, il change des détails. Même les histoires dans lesquelles nous étions présents.

Mais ça les définit. Ça les rend intéressants. C'est ce qui fait qu'ils sont spéciaux.

Vous avez des défauts qui sont en fait des qualités parce qu'ils vous rendent unique. Apprenez à les aimer, et surtout soyez le premier à en rire.

Mon chum vit dans un quiz

« La sensation d'être heureux ou malheureux dépend rarement de notre état dans l'absolu, mais de notre perception de la situation, de notre capacité à nous satisfaire de ce que nous avons. »
– Dalaï-lama

Tout est dans la façon de voir les événements. Au lieu de dire qu'il est en couple avec une aphasique, mon chum dit que c'est comme s'il sortait avec une mannequin ukrainienne qui ne parle pas encore très bien le français. En réalité, il dit qu'il vit en fait le rêve de tous les gars.

Avouez que c'est moins dramatique de voir ça de cette façon.

Il aime aussi dire qu'il vit dans un quiz. Oui, parce que j'ai de la facilité à m'exprimer sur des choses générales, donner mes états d'âme, mais c'est difficile si je dois trouver un mot très précis. Par exemple, le titre d'un film, le nom d'un chanteur, ou la raison sociale d'un restaurant.

Quand j'ai rempli mon questionnaire pour aller faire l'émission de télé : *En direct de l'univers*, mon chum le remplissait avec moi. Il me connaît tellement que souvent il savait déjà les réponses. Mais lorsqu'on est arrivés à : Premier *slow*, il ne connaissait pas la réponse. J'essaie donc de lui dire, mais ça ne vient pas. Et en plus, je ne suis plus capable de chanter et encore moins de fredonner un air.

Ça nous a pris 48 heures pour trouver le titre de chanson de mon premier *slow*. J'ai réussi à lui dire que c'était avec un Roger que je l'avais dansé, mais ça ne l'aidait pas davantage.

Dans ces cas-là, au lieu de se décourager, il fait comme s'il était dans un quiz télévisé, au grand jeu de la fin, où il peut gagner une voiture.

Il me donne des choix et j'y vais avec des oui et des non.

— C'est une chanteuse ?

— Non.

— Un gars?

— Oui.

— OK… quand tu as dansé ton *slow*, est-ce que c'était une chanson à la mode de ce temps-là?

— Oui.

— OK, alors si je calcule, ça devait être vers 1982 environ?

— Sûrement.

— OK… euh… un groupe?

— Pas sûre.

— *One-hit wonder*?

— Je pense que oui.

— T'es sûre?

— Non.

Etc., etc., etc.

Des questions comme ça, il a dû m'en poser une centaine. Finalement, c'était quoi vous pensez?

Eh bien, c'était *Babe* de Styx!

Heureusement, mon chum a un don pour toujours trouver de l'humour dans toutes les situations. Ça m'arrive de trouver ça «plate» pour lui. Ce qu'on aimait le plus avant, c'était justement d'être assis ensemble et de jaser de tout et de rien. Mais maintenant c'est beaucoup plus ardu. Et quand j'ai des moments de grandes remises en question, et que je lui demande ce que je vais faire dans la vie si je ne retrouve pas tout mon vocabulaire, il me répond que je pourrais toujours être joueuse de hockey.

Comme vous voyez, il est pourri pour trouver de vraies solutions, mais au moins il me fait rire. Ha, ha !

Êtes-vous susceptible ?

Posez-vous la question : *Êtes-vous susceptible ?* Si vous l'êtes, vous allez sûrement avoir de la difficulté à vous l'avouer parce que vous êtes susceptible, et quand on est susceptible on n'aime pas l'idée d'être susceptible.

Le contraire de l'autodérision, c'est la susceptibilité. Être susceptible, c'est le pire défaut du monde. Premièrement, ça vous rend malheureux parce que vous avez toujours l'impression que tout le monde vous attaque, vous critique. Et en plus, personne ne peut vous dire que vous êtes susceptible, parce que vous allez mal le prendre.

Quel défaut complexe !

Alors, si vous croyez que vous êtes susceptible, travaillez sur ce point tout de suite pour l'améliorer, parce que personne d'autre ne va pouvoir vous aider.

Comment savoir si vous êtes susceptible?

Calculez donc à combien de gens autour de vous vous ne parlez plus parce que c'est des méchants « trous de cul » ? Moi je crois que dans les derniers 20 ans, j'en ai peut-être rencontré 2 ou 3. Si vous rencontrez un méchant trou de cul toutes les 2 semaines, je me poserais la question : *Est-ce qu'il y a autant de trous de cul sur la Terre ou suis-je susceptible ?*

Ça vous arrive souvent de pleurer ou d'être offusqué parce que les gens sont vraiment très méchants avec vous ? Peut-être que vous avez un des « dons du susceptible » qui est de déformer les phrases. Le susceptible fait souvent ça. Il va dire des choses du genre :

— Jeannine au bureau, elle n'est tellement pas gentille. Elle m'a dit que dans ma robe, j'avais l'air d'une vraie folle.

— Elle a dit ça?

— Oui !

— Dans ces mots-là ? Elle t'a vraiment dit : "Eille, dans ta robe, t'as l'air d'une folle ?"

— Ben là, elle ne l'a pas dit de même, mais c'est ça que ça voulait dire.

— OK, mais qu'est-ce qu'elle a dit?

— Ben, elle a dit, c'est beau ta robe, mais je pense qu'elle serait encore plus belle avec un petit soulier pâle, au lieu d'un soulier noir comme ça.

Bon!!! Ce n'est pas la même chose du tout!!! Jeannine n'est pas sortie de son bureau pour venir vous insulter, elle ne faisait que jaser mode avec vous.

Dire que votre robe serait plus belle avec des souliers plus pâles, ce n'est pas une insulte, c'est une opinion, on appelle ça de la conversation.

Dites-vous souvent la phrase: «J'étais trop en maudit pour dormir?»

Combien de fois dans votre vie ça vous est arrivé que quelqu'un vous dise quelque chose, et que, quelques secondes plus tard, vous partiez en claquant la porte? Claquer une porte parce que quelqu'un nous a dit quelque chose de méchant, ça devrait arriver à peine quelques fois dans une vie. À moins que vous viviez dans un téléroman.

Est-ce que vous sentez souvent que les gens autour de vous marchent sur des œufs? Genre, tout le monde qui veut vous dire quelque chose commence sa phrase en disant: «Eille, est-ce que je peux te dire quelque chose? C'est pas une critique. Je ne dis pas que j'ai raison. Je suis peut-être dans le champ, mais... en toute amitié, y'a quelque chose que j'aimerais te dire... en fait, c'est constructif... je t'ai-tu dit que c'était pas une critique?»

Travaillez donc ce défaut pour arriver à vous en débarrasser, pour vous et pour tout le monde autour. Ce n'est pas normal que pour les gens, ce soit un fardeau de vous parler.

Si le fait de vous adresser la parole devient lourd et délicat comme si vous manipuliez du plutonium, il faut régler ça.

Il n'y a pas de remèdes qu'un médecin peut vous prescrire pour traiter votre susceptibilité. Ça doit venir de vous. Commencez par voir vos défauts comme des qualités qui donnent de la couleur à votre personnalité... des *qualifauts*. Et ensuite, riez-en avant que les gens en rient. Oui, faites ça, parce que moi je crois que la « baboune » devrait être illégale après l'âge de six ans.

La plus belle qualité : être niaiseuse

Mon chum me dit souvent qu'il est tombé en amour avec moi parce que je suis la personne la plus niaiseuse qu'il ait rencontrée dans sa vie. J'adore ce compliment.

On prend la vie beaucoup trop au sérieux. Comme je disais plus tôt, la vie nous joue des tours, elle nous fait vivre les choses les plus absurdes. Pourquoi la prend-on au sérieux quand la vie elle-même ne semble vraiment pas se prendre au sérieux ?

Je veux honorer les gens niaiseux autour de moi qui font que la vie est drôle. Ma sœur Sylvie, qui a le rire le plus communicatif et fort au monde. Une gorgée de vin et elle se met à rire. Nous avons déjà fait un voyage au Mexique ensemble et nous nous sommes payé un tour de catamaran. Nous sommes arrivés sur le catamaran à midi, ils ont fait jouer de la musique, et dès que la musique a démarré, Sylvie s'est mise à danser. Elle a arrêté quand nous sommes revenus à 19 h. Elle a dansé non-stop, de midi à 19 h. Et là, vous vous dites : *Elle avait sûrement beaucoup bu.* Pas du tout ! Elle n'avait pas le temps, elle était beaucoup trop occupée à danser ! Je l'aime tellement, cette belle niaiseuse.

Peter MacLeod, avec qui j'ai travaillé à l'émission de radio *La Belle et MacLeod*, a une main plus petite que l'autre, c'est bien connu. Il en a toujours ri. Il a appris quand il était tout jeune qu'il valait mieux en rire avant que les autres se moquent de lui. Je me souviens d'une blague de son tout premier spectacle où il disait : « J'ai une main plus petite que l'autre, c'est quand même pratique, je suis le seul gars qui est capable d'aller chercher une chips dans le fond d'une boîte de Pringles. »

Honorez les gens niaiseux autour de vous. Dites-leur merci. Ces gens vous font du bien, et ils ont compris, c'est quoi la vie plus que n'importe qui.

Pour ne pas oublier l'importance de l'humour

« *L'humour renforce notre instinct de survie
et sauvegarde notre santé d'esprit.* »
– Charlie Chaplin

*

« *Le rire est une insulte au malheur.* »
– Publilius Syrus

*

« *L'humour est le remède de tous les maux.* »
– Patch Adams

✴

« *Si on me donnait l'opportunité de présenter
un cadeau à la prochaine génération,
ce serait l'habileté pour chaque personne
de rire d'elle-même.* »
– Charles M. Schultz

✴

« *La sensation d'être heureux ou malheureux dépend
rarement de notre état dans l'absolu,
mais de notre perception de la situation,
de notre capacité à nous satisfaire
de ce que nous avons.* »
– Dalaï-lama

✴

« *Ne prenez jamais la vie trop au sérieux,
personne n'en est jamais sorti vivant.* »
– Elbert Hubbard

✴

12

Le couple

Je me trouve chanceuse dans mon épreuve parce que je n'ai pas eu à l'affronter toute seule. Ça doit être ça le plus difficile. J'ai beaucoup de compassion pour les gens qui vivent des épreuves dans la solitude. Ces personnes sont très inspirantes et je leur lève mon chapeau.

Beaucoup de gens veulent savoir le secret de notre couple, mais ce qui est un peu triste, c'est qu'on pense qu'il n'y a pas vraiment de secret. Deux personnes extraordinaires sur tous les plans pourraient sortir ensemble et faire le pire couple de tous les temps.

Je suis certaine que plusieurs de mes anciens amoureux ne me vanteraient pas avec cette même conviction que mon Louis-Philippe éprouve à mon égard. Je suis sûre qu'ils ne m'ont pas tous trouvée aussi adorable que ça. Et Louis-Philippe aussi peut évidemment être un chum ordinaire pour certaines filles.

Nous avons simplement eu la chance d'être le *fit* parfait. Ce n'était pas calculé, il y a beaucoup de chance là-dedans. Je ne suis pas celle qui va vous expliquer comment trouver le chum parfait, j'en ai tellement eu avant de trouver le bon… Le seul truc qui a fonctionné pour moi, c'est la quantité… et je ne le recommande absolument pas.

L'amitié avant l'amour

Mais une des choses qui nous a sûrement aidés à être aussi forts, c'est l'amitié. L'amitié avant l'amour. Est-ce possible que de nos jours, trop de gens tombent amoureux avant d'être amis? Est-ce possible qu'on ne se fréquente plus assez longtemps avant d'être un couple? Parce que l'amour évolue. Au début, c'est une passion et tranquillement ça laisse place à quelque chose de moins explosif, mais de beaucoup plus profond. L'amour, ça monte, ça descend. On aime un jour, le lendemain on est moins sûr. L'amitié, c'est beaucoup plus stable. Ça vient avec un grand respect de l'autre. Tu n'es pas ami avec quelqu'un simplement parce que tu le trouves beau.

Pour être ami avec quelqu'un, il faut que tu aimes ce que la personne est à l'intérieur. Tu aimes ses valeurs, tu aimes jaser avec elle, tu aimes écouter ses problèmes et lui confier les tiens. L'amitié, c'est très solide. Louis-

Philippe et moi, on est les meilleurs amis du monde avant tout. Rajoutez à ça l'attirance physique, et je pense que c'est ce qui fait qu'on est forts ensemble. Quoi qu'il arrive, tu ne laisses jamais tomber ton ou ta meilleure amie.

Les valeurs fondamentales

Nous constatons aussi que deux personnes peuvent être très différentes et former quand même un couple très solide. Louis-Philippe et moi, nous sommes deux personnes avec des personnalités contraires sur bien des plans. Mais nous croyons qu'il y a des points très importants où il faut se rejoindre. Nous pensons de la même façon en ce qui a trait à la manière d'éduquer les enfants. Nous avons la même conception de la vie sexuelle.

Nous nous ressemblons aussi pour ce qui est de l'argent. Je ne suis pas une femme qui a besoin d'avoir les tapis d'hiver Louis Vuitton dans sa voiture pendant que Louis-Phil roule ses *cennes* et lit des livres pour mieux comprendre les CELI.

Quand on s'entend sur ces grands points, le reste des différences ne comporte pas de grandes divergences qui peuvent nous rendre incompatibles avec l'autre. Si vous aimez faire l'amour tous les jours alors que votre partenaire a envie seulement les journées qui coïncident avec l'apparition de la comète de Halley, c'est certain que ça va mal finir.

Mais si on s'accorde sur nos valeurs fondamentales, le reste va bien aller. Nous, nos grandes philosophies de vie se rejoignent. Il nous reste à nous obstiner sur le niveau du volume de la télé, où on ne s'entend vraiment pas, et sur la fréquence à laquelle la pelouse doit être coupée.

Oui! nous aussi on se chicane!

Parce que oui! Ça nous arrive d'avoir de petites chicanes. Des «chicanettes», comme on pourrait les appeler. C'est tellement sur des niaiseries qu'on trouve ça drôle. Je vais vous en confier une qui revient souvent. Louis-Philippe a le don de toujours me parler quand je me brosse les dents avec ma brosse à dents électrique! Bon, vous devez vous dire: *Pis???* Eh bien, quand ma brosse fonctionne dans ma bouche, je ne comprends rien!

Et ce qui me tape sur les nerfs, ce n'est pas tant qu'il me parle et que je ne comprends rien, mais plus le fait que ça arrive TOUS LES SOIRS!!! Il oublie toujours de ne pas me parler quand je m'occupe de mon hygiène buccale! Soir après soir, après soir, je dois répéter: «Tu le sais que je n'entends rien!!!»

Mais comme je disais, on en rit. C'est un autre de ses petits «qualifauts». Vous remarquerez que lorsque les couples ont de grosses querelles pour de petites choses anodines, c'est en fait qu'il y a un problème plus gros caché en dessous. Il y a une anguille en *tabarnak* sous la roche. Donc, on se sert de ces petites choses pour ventiler. Ça nous fait du bien et ça nous évite de parler du vrai problème, qui est beaucoup plus complexe.

Mais si nous avons un seul secret à vous révéler, nous revenons toujours à la même chose : l'amitié ! Même si nous ne nous plaisions pas physiquement, nous serions de très grands amis. On croit que ça fait toute la différence, surtout dans une épreuve comme celle que nous vivons encore aujourd'hui.

Qu'est-ce qui fait que votre couple est solide ?

Parlant de couple, j'ai décidé de demander à mes amies qui sont en couple de m'envoyer un petit mot accompagné d'une photo et de m'expliquer pourquoi leur couple dure. Quel est leur petit secret ? J'aime m'inspirer des gens autour de moi et ainsi apprendre sur ma propre relation avec Louis-Philippe.

« Notre relation se poursuit depuis sept ans et le plaisir est toujours au rendez-vous ! Notre couple est en soi une belle thérapie, car on apprend de l'autre et, à vivre ensemble, nous sommes de meilleures personnes ! Notre recette est simple mais gagnante : beaucoup d'empathie et de respect tout en mettant son orgueil de côté (ce n'est pas toujours facile !), de petites attentions au quotidien, des projets communs, et surtout garder en tête que rien n'est acquis. »

– *Caroline et Sylvain*

« Notre couple en quelques mots : fou, doux, facile, fort, authentique, surprenant… Nous sommes encore ensemble, car c'est ce qu'il y a de plus beau dans nos vies ! »

– *Rachel et Patrice*

« 30 ans que notre bateau amoureux tient le cap… chacun notre tour on s'échange le gouvernail de notre vie de couple et de famille. On fait toute une équipe, Daniel et moi ! La vie n'étant pas qu'un long fleuve tranquille, on a su ramer ensemble, dans la même direction. »
– *Lyne et Daniel*

« Nous sommes certes des oiseaux rares, mais deux oiseaux qui n'ont jamais été mis en cage. J'ai ma liberté pour m'amuser avec les copines … faire des « fugues »… travailler fort et tard. Je n'ai pas un chum qui me texte me demandant à quelle heure je rentrerai. Par contre, quand nous nous retrouvons, c'est toujours bon ! Je me réjouis des sorties de golf ou des matchs de hockey de mon chum puisqu'il en revient heureux. Ah, pis… pourquoi de longues explications quand une photo en dit tant ! »
– *Martine et Benoit*

« Notre couple est solide et imparfait. Il unit en nous laissant espace et liberté. Nous avons une admiration mutuelle. Notre quotidien et notre confort nous gardent au chaud, nos voyages et nos projets nous déstabilisent joyeusement. Et nos filles allument chez nous le même regard d'amour et de fierté. Aujourd'hui, nous savons que nous serons vieux ensemble. On s'aime, c'est aussi simple que ça… »
– *Nancy et Jean-Yves*

« Voici ce que nous croyons être la formule gagnante pour notre couple : Nous formons une équipe dans la vie comme dans le sport ! Nous partageons les mêmes passions tout en se laissant des moments chacun pour soi. Nous continuons d'évoluer ensemble et nous sommes convaincus que c'est pour ces raisons que l'amour dure. On se le répète souvent, s'il arrivait un incident à l'un de nous, la maisonnée continuerait de bien fonctionner ! »
– *Josée et Sébastien*

« C'est simple.
Malgré les difficultés,
je n'ai jamais cessé
d'y croire. »
– *Caroline et Frédéric*

« Martin et moi sommes ensemble depuis maintenant neuf ans. C'est une collègue de travail et amie, Christine, qui m'a présentée à son frère Martin. Ce qui nous a unis au début, c'est notre réalité monoparentale et nos passés amoureux écorchés. D'amis, Martin et moi sommes devenus amants puis amoureux l'un de l'autre. L'amour, la confiance, la transparence, la complicité et la liberté font en sorte qu'au fil du temps, notre relation est de plus en plus forte. Nous ne sommes pas fusionnels, nous aimons être entourés de nos grandes filles, notre famille et nos précieux amis. Nos traits de caractère mutuels font en sorte que notre vie amoureuse est loin de ressembler à de la guimauve, mais elle est vraie et authentique et elle nous ressemble ! »

– *Josée et Martin*

«On est une équipe! On se perçoit comme des coéquipiers de vie. Il faut donc prendre soin l'un de l'autre. Pas besoin que ce soit compliqué. Prendre un verre le soir en se racontant notre journée et toujours prendre le temps de se faire une "collade" le matin… Au centre de tout ça, la gratitude. Trois fois par semaine nous nous disons que nous sommes chanceux d'avoir une si belle vie. C'est un privilège de s'endormir auprès d'une personne qu'on aime si fort.

«Un jour, j'ai lu une phrase qui me guide (de Janette Bertrand, je crois). Voici cette phrase: "Qu'est-ce qui est le plus important? Avoir raison à tout prix ou préserver ton couple?" Alors oui bien sûr rien n'est parfait, ça arrive qu'on se tape royalement sur les nerfs… Mais même si j'ai souvent raison, je tente d'éviter les séances d'obstination à n'en plus finir… Et ça passe… et on oublie même pourquoi on était fâchés.»
– *Caroline et Nicolas*

« Allo Josée ! Le secret du succès de notre couple est le fait qu'on s'amuse encore comme au début ! L'humour est la clé de notre complicité ! On a aussi une grande confiance un envers l'autre, on s'admire, on a des projets communs, on se complète bien et on accompagne harmonieusement notre extraordinaire grande fille ! On aime aussi tous les deux s'entourer de gens fantastiques comme vous ! ! »
– Johanne et Paul

« Malgré les différends, à travers les hauts et les bas, ne jamais tenir l'autre pour acquis et partager les petits bonheurs tout simples… le café sur la terrasse, les randonnées à vélo, les balades main dans la main. »
– Sylvie et Dany

Pour ne pas oublier l'importance de l'amour

*« Le suprême bonheur dans la vie,
c'est la conviction qu'on est aimé. »*
– Victor Hugo

*

*« Être aimé, c'est plus qu'être riche,
car c'est être heureux. »*
– Claude Tillier

*

*« L'amour est la clé principale
qui ouvre les portes du bonheur. »*
– Olivier W. Holmes

*

13

L'amitié

Dans les épreuves, les amitiés font une énorme différence. Mes amies savaient quand venir me voir, m'appeler, m'écrire un petit mot. Elles me connaissaient assez pour savoir comment me parler pour me remonter le moral. Elles savaient quelle attitude adopter la première fois qu'elles sont venues me visiter. Les amies, c'est tellement important. Prenez soin de vos amies. Elles vont avoir besoin de vous et un jour, vous aussi vous aurez besoin d'elles.

Une chose dont je suis certaine, c'est qu'on n'est jamais trop vieux pour se faire de nouveaux amis. Lorsqu'on était jeunes, c'était facile. On faisait du vélo, on rencontrait quelqu'un qui avait le même vélo que nous, et c'était notre nouveau meilleur ami. Simple !

En vieillissant, on dirait que c'est plus difficile de se faire des amis. Mais je pense que ça se demande. Osez le faire : « Eille, s'cuse-moi, mais je te trouve super intéressante. Voudrais-tu être mon amie ? »

Je l'ai déjà fait avec Martine, mon agente d'immeubles. Et après une dizaine d'années, c'est toujours une de mes meilleures amies.

Et de la même façon, je crois que c'est possible de laisser tomber certaines amies. Rien ne nous oblige à étirer des relations compliquées. L'amitié devrait être un partage. On fête autant les moments de bonheur qu'on s'aide dans les bouts plus compliqués. Mais certains ont le don de prendre et d'oublier de donner. Quelques fois, c'est simplement le mélange des gens qui ne fonctionne pas. Il y a des gens qui naturellement vont se servir des personnes qui ont de la difficulté à dire non. Et certaines personnes ne peuvent pas prendre leur place en présence de gens trop dominants.

Je crois qu'il n'y a pas tant de mauvaises personnes, mais il y a de mauvais mélanges de personnes. Si vous sentez que dans une amitié vous êtes la seule à donner, que l'autre personne est lourde, qu'elle ne vous donne pas de nouvelles quand ça va bien, et dès que ça va mal elle apparaît, vous pouvez y mettre un terme. Ça se fait avec respect, ça s'explique. Mais l'amitié est censée faire du bien… aux deux ! Pas juste d'un côté. Je l'ai déjà fait et je crois qu'on se rend service et qu'on rend même service à l'autre personne.

L'importance de l'amitié

Dans le livre d'Andrew Zolli et Ann Marie Healy : *Resilience : Why Things Bounce Back*, on parle de l'importance des ressources sociales. Nous sommes des êtres sociaux et l'isolement ne serait pas juste néfaste pour notre santé mentale, mais laisserait même des traces au niveau cellulaire.

Ça nous prend des contacts humains pour être en santé. Ce n'est pas seulement mental, c'est physique. Faites-en des câlins ! Allez, on se colle ! Ça crée de l'ocytocine qui est l'hormone du bien-être et du calme. C'est parfait, pas besoin de prendre de pilules, juste à se coller pour ça.

Vos deux bras sont des distributrices à ocytocine. Servez-vous-en !

Les petits miracles de l'amitié

Quand vous êtes amis, vous avez un pouvoir très spécial entre vos mains. Celui de pouvoir faire de petits miracles pour les gens qui sont spéciaux pour vous. Une chose qui m'est souvent arrivée et qui me procure un très grand plaisir, c'est lorsque je prête un morceau de vêtement à une amie et que je me rends compte qu'elle l'adore, et qu'en plus il lui va mieux à elle qu'à moi. C'est un grand plaisir de pouvoir lui dire : « Je te le donne ! »

Ce n'est pas grand-chose, mais en même temps, c'est une surprise inattendue. C'est ça, un petit miracle.

Osez créer de petits miracles autour de vous et les petits miracles vous reviendront de toute façon.

Pour moi, il y a eu mes amis Johanne et Paul qui, dès qu'ils ont su que j'étais à l'hôpital, ont proposé de venir chercher mes enfants au New Jersey. C'est un petit miracle.

Ou Marc Gervais, qui est conférencier d'expérience, et m'aide à me guider dans ce métier depuis mes tout premiers débuts. Après mon AVC, j'ai dû annuler plusieurs conférences et tout à coup, il me dit : « Josée, je vais regarder mon horaire, et quand c'est possible, je vais proposer aux organisateurs des conférences qui t'avaient engagée de les faire à ta place, et je vais t'envoyer les chèques. »

Il a fait ça pour moi. C'est une amitié professionnelle, il n'avait pas besoin de faire ça. J'ai refusé, mais il l'a fait quand même. De nos jours, ce genre de choses, c'est un petit miracle.

L'amitié nous donne le don de pouvoir faire des petits miracles autour de nous.

Pour ne pas oublier l'importance de l'amitié

« *Être capable de trouver sa joie*
dans la joie de l'autre :
voilà le secret du bonheur. »

– Georges Bernanos

✳

« *Le bonheur est quelque chose*
qui se multiplie quand il se divise. »

– Paulo Coelho

✳

« *Un ami, c'est quelqu'un qui te connaît*
et t'aime quand même. »

– Elbert Hubbard

✳

14

Donner un sens à l'épreuve

Ce qui m'a aidée à me rendre au 18 février 2017, au moins aussi heureuse qu'avant, c'est de donner un sens à ce qui m'est arrivé.

Au lieu de me poser sans cesse la question : *Pourquoi ça m'est arrivé à moi?* J'ai voulu savoir : *Qu'est-ce que je peux faire avec ça?*

Ça m'a permis de perdre beaucoup moins de temps parce que : « Pourquoi ça m'est arrivé à moi ? », c'est plus souvent qu'autrement une question sans réponse. J'aurais pu passer un an à lancer cette question à l'univers : « Pourquoi univers ? Pourquoi m'avoir fait ça à moi ??? »

Ça n'aurait été que frustrant, parce que vous remarquerez que l'univers n'est pas très jasant. Il est plutôt avare d'explications.

C'est pourquoi j'ai préféré plutôt me demander ce que je pouvais faire avec ça. Au moins, cette question peut trouver des réponses. J'appelle ça : donner un sens à l'épreuve.

La Fondation des maladies du cœur et de l'AVC

Cet AVC m'a permis de sentir que je peux faire une différence en m'impliquant, avec L-P, auprès de la Fondation des maladies du cœur et de l'AVC.

L'impact pour la fondation a été énorme. Le message est passé. Notre publicité pour la campagne VITE, où on décrivait les signes de l'AVC, a été vue plus d'un million de fois sur Facebook.

J'en profite une fois de plus pour justement vous communiquer les signes de l'AVC. Trop peu de gens les connaissent encore. Lisez-les attentivement, grâce à ces

V isage

Est-il affaissé ?

I ncapacité

Pouvez-vous lever les deux bras normalement ?

T rouble de la parole

Trouble de prononciation ?

E xtrême urgence

Composez le 9-1-1.

quelques secondes, vous sauverez peut-être un jour votre vie ou celle de quelqu'un d'autre.

J'ai particulièrement aimé la campagne des bracelets « Bijoux de vie » avec Jean Coutu. Tous les profits étaient versés à la fondation et ils venaient avec une carte que les gens pouvaient mettre dans leur portefeuille et qui rappelait les signes de l'AVC.

J'ai adoré cette campagne parce que les bracelets qui venaient en trois couleurs différentes amassaient de l'argent pour la cause, tout en diffusant de l'information tellement importante. De plus, ils étaient vraiment beaux et ne coûtaient que 10 $.

Grâce à cette campagne, si vous saviez le nombre de personnes qui m'ont écrit pour me dire qu'apprendre ces signes a sauvé quelqu'un de leur entourage. Quelqu'un m'a raconté que j'avais sauvé sa mère. Sa mère est âgée de 80 ans et vit seule. Tout à coup, elle ne se sent pas très bien et décide d'aller faire une sieste en se disant que ça va passer. Elle se couche et se met à penser à moi. La dame se dit : *Ça ressemble à ce que Josée a décrit* ! Donc, elle décide plutôt de se lever et d'appeler immédiatement l'ambulance, et effectivement, un AVC commençait. À cause du peu de temps qui s'est écoulé, ils ont pu la sauver rapidement et elle n'a gardé aucune séquelle.

C'est des témoignages comme ça qui me font du bien, en donnant un sens à mon épreuve. Mon implication aide les gens, mais elle m'aide tout autant.

166 REBONDIR APRÈS L'ÉPREUVE

Dans chaque épreuve, on se retrouve avec deux choix : essayer de comprendre le pourquoi... qui ne contient de toute façon aucune réponse. Ou se demander, quoi faire avec. On le dit souvent qu'on apprend plus des échecs que des succès. J'y crois aussi.

Sur les médias sociaux, on voit fréquemment des histoires de gens qui vivent une épreuve et s'en servent pour en faire quelque chose de beau. Par exemple, en lisant le *Journal de Montréal*, le 26 juin 2017, je tombe sur un jeune homme inspirant : Didier Prince. Il est devenu tétraplégique en 2015 après un accident de surf. Après une longue et difficile réadaptation, il est retourné aux études en génie mécanique à l'Université de Sherbrooke. Il veut devenir ingénieur et travaille sur des inventions qui pourraient rendre la vie plus facile et agréable pour les tétraplégiques. Voici un exemple inspirant de quelqu'un qui a donné un sens à son épreuve.

Je pense aussi à Pierre Lavoie dont deux de ses enfants sont décédés de l'acidose lactique. Je ne peux imaginer pire épreuve que la perte d'un enfant. Eh bien, voulant donner un sens aux courtes vies des victimes de cette maladie, il décida de s'impliquer pour en faire quelque chose de positif. Le Grand défi Pierre Lavoie est né de cette épreuve. Je suis sûr que cette attitude lui a permis de passer au travers beaucoup plus facilement.

Donner un sens à une épreuve, ça peut être tout simple. Ça peut être d'apprendre quelque chose de cet événement et faire des changements dans nos vies. Comme de décider de passer plus de temps avec sa famille, faire du bénévolat, d'être juste moins stressé dans la vie de tous les jours. Il n'y a pas de petites façons de donner un sens à une épreuve ou un échec.

⁓

Pour ne pas oublier l'importance de trouver le positif même dans les pires épreuves

« *Lorsque la vie vous donne une centaine de raisons de pleurer, montrez à la vie que vous avez un millier de raisons de sourire.* »

– Auteur inconnu

✳

« *Les épreuves de la vie sont comme les sillons de la charrue qui déchirent la terre pour la féconder.* »

– Jean-Napoléon Vernier

✳

« *Ce sont les épreuves qui nous révèlent. Elles nous mettent au défi de nous dépasser et de nous voir dans notre propre réalité.* »

– Philippe Auzenet

✳

« *Le moindre accident de la vie porte en lui la semence d'un grand événement intérieur.* »

– Maurice Maeterlinck

✳

« *La force ne vient pas en gagnant. Vos épreuves développent votre force. Quand vous allez à travers les épreuves et décidez de ne pas abandonner, c'est cela la vraie force.* »

– Arnold Schwarzenegger

✳

« *Les épreuves augmentent notre stabilité en étendant nos racines en profondeur.* »

– Ghassan Khalaf

✳

« *Naviguer dans le calme est plaisant, mais ça ne vous permet pas d'explorer des mondes inconnus.* »

– David Whyte

« *La victime se demande ce que l'épreuve lui a enlevé, le sage cherche à comprendre les leçons qu'il peut en tirer.* »

– François Gervais

✳

« *Les défis, c'est ce qui rend la vie intéressante. Les surmonter est ce qui lui donne un sens.* »

– Joshua J. Marin

Un an après...

Un an, jour pour jour, depuis le début de ma nouvelle vie. On fête, bravant les chutes du Niagara.

Certains voyages se sont
bien déroulés...

À Atlantic City, n'importe quelle plage rend mes filles heureuses.

Le rêve d'Anabelle :
voir New York.

La fameuse maison jaune que les filles ont tant aimée en Floride.
Avec nos amis Paul et Johanne, qui sont venus chercher
nos filles aux États-Unis, lors de mon AVC.

Ma sœur Sylvie, ma « niaiseuse »
préférée, sur le catamaran où elle
a dansé toute la journée.

De la pêche à Daytona,
en Floride.

Celui-ci beaucoup moins,
30 juin 2016

Ma dernière photo avant l'AVC au Woodbury Common
Premium Outlets, à Newburgh, près de New York.

Mes filles qui ne se
doutaient pas que les
vacances se termineraient
dans quelques heures.

Lorsque j'ai réappris à marcher à l'hôpital, mon but était d'aller
voir le coucher de soleil à cette fenêtre.

Enfin de retour à la maison… Anabelle me lit un livre
puisque je ne suis plus capable de lire.

Je ne pensais jamais vivre cela un jour

Que ma fille Anabelle m'aide
à apprendre à lire.

Avoir à réapprendre à cuisiner
en brûlant des crêpes.

Je suis invitée à *Tout le monde
en parle...* même si je ne parle
presque plus.

Vous êtes la preuve vivante que l'humour
est le meilleur des médicaments
et qu'AVC peut aussi vouloir dire :
Amour, Victoire et Courage!

Sondage

SELON VOUS, QUELLE PERSONNALITÉ PARMI LES SUIVANTES A MARQUÉ LE PLUS L'ANNÉE 2016 AU QUÉBEC?

30% JUSTIN TRUDEAU

8% GAÉTAN BARRETTE

7% PIERRE KARL PÉLADEAU

6% XAVIER DOLAN

5% DENIS CODERRE

5% ALEXANDRE TAILLEFER

4% PHILIPPE COUILLARD

4% JOSÉE BOUDREAULT   3% RÉGIS LABEAUME   3% YANNICK NÉZET-SÉGUIN

2% JEAN-FRANÇOIS LISÉE   2% DENIS VILLENEUVE   1% DANIÈLE HENKEL

1% GABRIEL NADEAU-DUBOIS   1% ALAIN BOUCHARD   1% MITCH GARBER   1% GEOFF MOLSON

J'aurais plus marqué les gens que Régis Labeaume. Ha, ha!

Michel Rivard, Patrice Michaud et Fanny Bloom ont mis en musique tout l'amour que j'ai pour mon chum.

Nous avons reçu une invitation magnifique, assister au spectacle et rencontrer notre musicien préféré : Harry Manx.

Heureuse !

«Je suis là» pour vivre ces moments de bonheur

Flavie qui reçoit son «doctorat» de la garderie.

Flavie qui devient assez courageuse pour aller dans de plus gros manèges.

Pouvoir encore me coller sur mes filles et mon chum.

Anabelle qui a gagné la médaille d'or à son tournoi de soccer.

La surprise du plus gros cornet de chez Chocolats Favoris
pour mes 48 ans.

Le plaisir d'être entourée de ma
famille et de mes amis.

Visite au condo de ma sœur
Sylvie et son mari Dany,
en Floride. Après six mois,
je peux à nouveau voyager.

Donner
un sens
à l'épreuve

Portant fièrement les trois
couleurs de bracelets
pour amasser des fonds
pour la Fondation
des maladies du cœur
et de l'AVC
(Cœur + AVC).

Flavie qui porte fièrement
un de mes bracelets « Bijoux
de vie ».

Sur scène, avec L-P, à une
soirée-bénéfice pour
cœuretavc.ca.

À l'arrivée des cyclistes au Stade olympique de Montréal
pour Le Grand Défi Pierre Lavoie.

C'est avec mon
orthophoniste
Anne-Marie
Delmas que
j'ai appris
la patience.

Petit souper avec
mon chum avant
une conférence
qu'on a tellement
de plaisir à faire
à deux.

De grands bonheurs

Tête-à-tête avec ma fille Chloé, avec qui nous partageons
de plus en plus de belles conversations.

Le bonheur de voir mes filles devenir les meilleures amies du monde.

15

Regarder ce qu'on a et non ce qu'on avait

Je vais vous présenter quelqu'un. Cette personne a plusieurs choses dont elle peut être reconnaissante :

– Un chum qui l'aime et qui est un super papa pour ses enfants.

– Trois filles qui sont gentilles, intelligentes et qui ne sont pas bonnes dans tout, mais qui ont chacune des talents.

– Elle a une maison dans un beau quartier tranquille avec un parc au coin.

– Elle a une belle petite auto. Une piscine dans sa cour. Une grande fenêtre dans le salon qui permet au soleil d'illuminer la pièce le matin.

– Elle a des amis sur qui elle peut compter.

– Deux sœurs et un frère merveilleux, et tout le monde s'entend bien.

– Elle est marraine trois fois! Oui trois fois! De deux filles et un garçon.

– Elle a un travail qui lui permet de rencontrer régulièrement des gens absolument merveilleux et inspirants.

Est-ce que vous considérez cette personne comme chanceuse?

Oups, j'ai oublié de vous dire que cette personne souffre d'aphasie et qu'elle a de la difficulté à s'exprimer, lit difficilement et n'est pas capable d'écrire.

Est-elle toujours chanceuse? Bien sûr. Nous n'avons rien enlevé de la liste initiale. Elle a encore toutes ces belles choses.

Mais nous avons tendance à nous concentrer sur ce que l'on n'a pas. J'ai perdu mon talent de communicatrice, mais j'ai encore tout ce qu'il y a sur la liste et quand je la lis, je trouve que cette personne a une super vie. Je la trouve chanceuse d'avoir tout ça. Et en plus cette personne, c'est moi, c'est incroyable!!!

Ne pas perdre ce qu'on a en courant après ce qui a disparu

Quand on perd quelque chose dans notre vie, il ne faut pas oublier ce qu'il nous reste. Quelqu'un se sépare… c'est triste. Elle perd son amoureux. Mais cette personne peut avoir des amis, des enfants adorables, un travail qu'elle adore, la santé… et je ne sais quoi, mais elle a sûrement de belles choses… et si elle ne regarde que ce qu'elle a perdu, elle va négliger le reste. C'est triste. À courir après ce qu'on n'a plus, on peut oublier ce qu'on a toujours, et risquer de le perdre aussi

Mon chum donne souvent son père en exemple quand on parle de gens qui oublient de regarder ce qu'ils ont. Les parents de Louis-Philippe se sont séparés alors qu'il avait huit ans et sa sœur cinq ans. Après quelques années, son père a regretté la séparation et a voulu revenir avec sa mère. Sa mère a toujours refusé et son père est toujours resté concentré sur cet échec. Il répétait sans cesse à Louis-Philippe qu'il aurait aimé être un meilleur père, et avoir été plus présent. Il regrettait de ne pas avoir été là tous les jours pour le voir grandir.

Pourtant, il était chanceux, malgré la rupture, il avait un fils qui l'adorait et qui l'admirait plus que tout. Il avait une ex très compréhensive qui lui permettait de venir n'importe quand voir les enfants. Une séparation amicale, comme tout le monde qui se divorce souhaite connaître. Mais il n'a jamais su voir tout ça. Il ne voyait que le fait qu'il n'avait jamais été assez présent. Il n'a jamais été capable de voir ce qu'il avait, au lieu de seulement se concentrer sur ce qu'il avait perdu.

C'est triste. On peut perdre une vie à essayer de retrouver des choses qui n'existent plus.

C'est pour ça que je dis toujours que moi, je ne regarde pas en arrière. Ça ne sert à rien et ça ne peut me faire que de la peine. Je le fais de temps à autre très rapidement (un peu comme mes 30 secondes d'idées noires, vous vous souvenez?) et savez-vous quoi, c'est déjà bien assez. J'essaie toujours de me rappeler : Bon, qu'est-ce que j'ai là! Aujourd'hui! Et qu'est-ce que je fais avec maintenant?

Je regarde en avant. Mais en même temps pas trop loin. Ça me fait peur. Qu'est-ce que j'ai là maintenant? Et souvent je réalise que j'ai beaucoup plus que ce que je pensais.

Pour ne pas oublier l'importance
d'apprécier ce qu'on a

« *Il ne faut pas pleurer pour ce qui n'est plus,
mais être heureux pour ce qui a été.* »

– Marguerite Yourcenar

✳

« *Ce qui te manque, cherche-le dans ce que tu as.* »

– Koan Zen

✳

« *Lorsqu'une porte du bonheur se ferme,
une autre s'ouvre ; mais parfois on observe si longtemps
celle qui est fermée qu'on ne voit pas celle
qui vient de s'ouvrir à nous.* »

– Helen Keller

✳

« *Pour chaque minute où on est occupé à être fâché,
on perd 60 secondes de bonheur.* »

– Ralph Waldo Emerson

✳

16

Ne pas regarder trop loin

Je disais que je n'aime pas regarder trop loin. En fait, ça m'arrive souvent de le faire et je m'efforce de revenir au présent. Regarder trop loin, ça fait peur, et la peur paralyse.

Ça m'arrive de réfléchir à mon avenir et de me dire: *Bon Dieu, comment vais-je faire?*

Et dans ce temps-là, mon chum me ramène à l'ordre: «Ne panique pas, on va y aller tranquillement. Une chose à la fois.»

Il nous arrive souvent dans la vie de paniquer devant l'ampleur d'un projet parce qu'on oublie de voir clairement chaque petite étape relativement simple.

Si on prend ce livre par exemple… Si je me vois au Salon du livre de Montréal, avec ma pile de bouquins, en train de signer des autographes aux gens qui les ont achetés, je panique. Comment vais-je faire pour sortir un livre? Je ne sais plus écrire. Un livre de 200 pages??? Voyons donc! Comment je vais faire? Ça me prend une heure écrire ma liste d'épicerie!

Quand ça m'arrive, mon chum est excellent pour me rassurer. Il me dit: «Comment on va faire? Une étape après l'autre. On va commencer par s'asseoir et se rappeler comment est arrivé l'AVC, on va en jaser tous les soirs. Et petit à petit, on va recoller tous les morceaux. Ensuite on causera de ce qui t'aide à t'en sortir. On consacrera quelques semaines à parler de chaque étape. Je vais prendre des notes et ensuite j'écrirai.

«Là, on aura un livre très humain qui traduit notre réalité, qui ne sera pas nécessairement super bon, mais on aura tout ce qu'il faut pour transmettre notre message d'espoir et pour en faire ton guide du bonheur. Je te le lirai et on corrigera ensemble ce que tu n'aimes pas et on ajoutera du contenu à propos de sujets qui t'allument et dont tu souhaites parler. Et "tranquillement pas vite", notre livre va se créer. Et la journée venue du Salon du livre, on se rendra sur place, on trouvera notre petite table, et tu signeras des livres avec plaisir.»

Il est vrai que d'envisager le tout par petites étapes, c'est beaucoup moins paniquant.

Je vois souvent des femmes qui se séparent et qui paniquent en disant: «J'aurai jamais un autre chum,

je ne vois vraiment pas comment ça pourrait arriver. »
C'est sûr que tu ne peux pas le voir là, tu es encore en
train de guérir ta peine d'amour. Mais petite étape après
petite étape, ça va venir.

Je pense que c'est peut-être pour cette raison que
les bébés ne parlent pas et ne comprennent pas ce qu'on
dit quand ils viennent au monde. C'est une protection
pour qu'on ne les stresse pas trop vite. Parce qu'imaginez, vous naissez, vous ne connaissez rien, vous portez
une couche, vous avez de la difficulté à ramper et on
vous annonce qu'un jour vous allez devoir être médecin et faire un quadruple pontage d'urgence. Le bébé
serait paniqué ! C'est pour ça qu'il ne comprend pas
tout de suite, ça lui permet d'avancer peu à peu, étape
par étape, sans se poser de questions. Et étape après
étape, c'est possible qu'un jour il se retrouve médecin
et sauve des vies. Il faut penser comme ça, dans chaque
épreuve qui survient, et progresser à petits pas de bébé.

Rêver grand, mais penser petit

Voici ce que j'ai appris et qui m'a beaucoup aidée :
Rêver grand, mais penser petit !

Ce que ça signifie pour moi, c'est qu'il faut avoir de
grands projets, caresser de grands rêves. On doit avoir
des buts à atteindre pour nous donner le goût d'avancer. Mais lorsqu'on a trouvé le grand but que l'on souhaite concrétiser, il faut être ensuite capable de penser
petit. Morceler ce grand rêve en petites étapes, et si ça
nous apeure encore, on doit fractionner chacune de

ces étapes en plein d'autres morceaux. Jusqu'à ce que chaque morceau nous semble réalisable.

Si vous partez pour la Californie en voiture, vous ne mémoriserez pas chaque route, avec les numéros de chaque sortie et les adresses des hôtels en chemin. Vous allez commencer par une première étape, soit de mettre les valises dans l'auto. Ensuite vous allez continuer avec une autre étape.

Je fais la même chose jour après jour. Je ne suis pas capable de donner une conférence seule, mais je suis capable aujourd'hui d'apprendre quel son fait la lettre «O». Ce n'est pas parce que je pense petit que je ne vois pas grand. Penser petit, jour après jour, va me permettre lentement, mais sûrement de me rendre justement où je veux aller.

⌒

Pour ne pas oublier l'importance du présent

« *Celui qui déplace une montagne commence
par déplacer de petites pierres.* »

– Confucius

✳

« *Le moment le plus important, c'est le présent,
car si on ne s'occupe pas de son présent,
on manque son futur.* »

– Bernard Werber

✳

« *Le moment présent a un avantage
sur tous les autres : il nous appartient.* »

– Charles Caleb Colton

✳

17

La patience

Ne pas regarder trop loin m'amène à vous parler de quelque chose de très important. Ce qui m'a permis de retrouver le bonheur, c'est aussi quelque chose de très spécial parce que c'est un concept tout nouveau pour moi. Ça s'appelle... la patience. Connaissez-vous ça la patience? En ce qui me concerne, c'était quelque chose de plutôt flou. Laissez-moi vous dire que moi, le «piton de la patience», je ne l'ai pas eu à la naissance ce morceau-là!

Cette année, j'ai été inspirée par des gens très, très patients: mes orthophonistes! Je leur dois beaucoup. Au tout début, à l'Hôpital Charles-Le Moyne, il y avait ma belle Judith. Et ensuite pendant des mois, j'allais au Centre montérégien de réadaptation pour «faire des mots!!!» C'est comme ça que j'appelle ça... faire des maudits mots!

Parce que ça n'avance pas vite, on a l'impression qu'on recommence sans cesse la même chose. J'ai réappris le son de chaque lettre, comme si je n'avais jamais parlé le français. Comment faire le son « S », comment faire le son « P », on les tient pour acquis, mais ce n'est pas naturel. Tous ces sons, on les a appris par imitation quand on était jeunes.

Et là, j'étais devant mon orthophoniste qui s'appelle Anne-Marie Delmas. La femme la plus patiente du monde. Elle, à longueur de journée, son travail c'est d'attendre et être patiente. Elle me regarde essayer de trouver le son de la lettre « O ». Ça fait plusieurs jours qu'on répète et je cherche encore. Je suis là : U… I… P… R…???? Finalement je l'ai : « O » ! Et on recommence avec une autre lettre sans cesse et sans cesse.

Ce n'est pas comme apprendre à lire à un enfant. Les enfants sont des éponges, ils apprennent très vite. Moi je ne suis pas une éponge… je suis une vieille débarbouillette. Ha, ha ! Non, mais je ne suis pas comme un enfant qui a le cerveau allumé au maximum, je dois apprendre une langue avec la partie du cerveau qui s'occupe du langage, mais qui est tout endommagée.

Si j'avais été à la place d'Anne-Marie, je vous assure que j'aurais « pogné les nerfs », comme on dit en bon québécois. J'aurais explosé « assez raide », je vous le dis : « O !!! C'est O !!!! La lettre est ronde ! Mets ta bouche en rond, ça va sortir tout seul ! O ! »

Alors, bravo à toutes les orthophonistes qui nous aident avec une patience hors du commun.

Soyez des impatients patients

Ça m'a fait réfléchir sur l'importance de la patience et à quel point je devais apprendre à l'être. Si je veux aller trop vite, je vais me décourager et ça n'avancera pas. On veut souvent que tout se passe tout de suite. Si on ne réussit pas immédiatement, on abandonne. On croit que ça ne fonctionne pas. Mais ce n'est pas que ça ne fonctionne pas, c'est que ça ne fonctionne pas aussi rapidement.

Il ne faut cependant pas confondre patience et procrastination. Il y a une différence entre être patient et dire : « Bah, je ferai ça demain, je ne suis pas pressé. »

En fait, je dis qu'il faut être des impatients patients. En d'autres mots, il faut avoir la patience nécessaire de se rendre à notre but, mais il faut être impatient de se mettre au travail et de tout faire pour y arriver.

Il n'y a pas de raccourcis pour être bon dans quelque chose. Si tu veux atteindre un but, la seule façon c'est de commencer au plus vite en acceptant que la route sera longue. Si tu veux écrire dans la vie, écris. Si tu veux être musicien, joue d'un instrument. Si tu veux faire un marathon, cours. Si tu veux perdre 50 kilos, commence par perdre 50 grammes.

La patience c'est la clé. Mais il faut être impatient de commencer et impatient de voir avancer les choses. Moi, tout ce que je veux, c'est sentir que ça progresse. Savoir que demain va être mieux qu'hier.

L'important, c'est d'avoir un verre

On dit qu'il y a deux genres de personnes : ceux qui voient le verre à moitié vide, et ceux qui voient le verre à moitié plein. Eh bien, je réalise que dans le fond, le plus important c'est juste d'avoir un verre, même s'il est vide.

Parce que lorsque tu as le verre tout est possible. Tu peux le remplir. L'important dans la vie n'est pas absolument d'atteindre le rêve ultime, la perfection. C'est juste de sentir que ça avance, que c'est mieux qu'hier.

Moi je rêve de parler comme avant, d'écrire, de lire. Mais si ça n'arrive pas, ce n'est pas grave. Ce qui me fait du bien jour après jour, c'est de sentir que je suis mieux qu'avant. Un mot à la fois.

Donc avec un verre vide, tu as l'espoir. L'espoir que demain tu peux avoir une goutte d'eau dedans. Dans une semaine, tu auras peut-être trois gouttes. Avec la patience, on va le remplir notre verre. Et même s'il n'est jamais plein, de savoir qu'on est parti avec un verre vide et qu'avec du travail on s'est retrouvé avec un verre au trois quarts plein, c'est déjà extraordinaire !

On s'en fout que le verre soit à moitié plein ou à moitié vide. Faites juste ce qu'il faut pour qu'il soit un peu plus plein demain qu'aujourd'hui.

Et si vous êtes vraiment des rois de la patience (ce que je ne suis pas encore), peut-être que vous devrez vous procurer un deuxième verre quand le premier va déborder.

Pour ne pas oublier l'importance de la patience
(moi-même, je dois les lire souvent)

« Soyez patient, toutes les choses sont difficiles
avant de devenir faciles. »

– Saadi

✳

« Les gens qui ont du succès connaissent la différence
entre la patience et la procrastination. »

– Auteur inconnu

✳

« Comment savoir si tu es impatient ? Si à 20 ans tu as
déjà les deux bras tatoués avec l'histoire de ta vie. »

– Louis-Philippe Rivard

✳

« Impatiente de commencer, mais patiente d'y arriver. »

– Josée (eh oui, je me cite moi-même pour essayer
de ne pas l'oublier cette phrase)

✳

« L'important ce n'est pas la vitesse,
c'est de ne pas arrêter. »

– Confucius

18

La chance d'être en vie

(Note: *En remplir une page de « je suis là » avec des petites variations à travers.*)

Je suis là. Je suis là. Je suis là. Je suis là. Je suis là. Je suis là!!!! Je suis là. Je suis là. Je suis là. Chu là!!! Je suis là. Je suis là! *I am here.* Je suis là. Je suis là. Je suis là. Je suis ici. Je suis là. Je suis là. Je suis là. Je suis là? Oui, je suis là. Je suis là. *Estoy Aquí.* Je suis là. Je suis là. Je suis là. Je suis là. Je suis là. Je suis là. Je suis là. Je l'ai tu-dis? Je suis là. Je suis là. Je suis là. Je suis là. Je suis là. Je suis là. Hum… je suis là. Je suis là. Je suis là. Je suis là. Je suis là. JE SUIS LÀ!!!! Je suis là. Je suis là. Je suis là. Je suis là. Sono qui! Ich bin hier! 我在这里. я здесь!!! Avez-vous compris? Je voudrais vous le crier dans toutes les langues: Je suis là!!!!!!!!!!!

« Je suis là ! » C'est sûrement la phrase que j'ai dite le plus souvent cette année. Lorsque quelqu'un me demandait comment ça allait, je ne réussissais pas à être originale. Je disais toujours la même chose. « Ça va très bien, et je suis là, c'est ça l'important ». C'est beau, mais à un certain point je n'étais plus capable de me l'entendre dire.

Mais c'est quand même tellement vrai. Je suis là, c'est incroyable ! On oublie souvent la chance qu'on a d'être là. Même si notre vie n'est pas entièrement parfaite, c'est quoi les chances qu'on soit là, sur Terre, à vivre l'expérience de la vie.

Ma vie s'est compliquée cette année, mais j'aurais pu mourir, on m'a permis de continuer à voir mes enfants grandir, à voir le printemps arriver après un maudit hiver, à voyager, voir des choses, boire avec mon chum, et refaire le monde. Je suis là !

Notre vie peut ne pas être parfaite, mais on est là, c'est déjà incroyable.

Mon chum est tombé sur un article que plusieurs personnes dans les médias ont repris cette année, mais il m'impressionne.

C'est un calcul fait par le Dr Ali Binazir qui démontre la chaîne d'événements qui ont dû arriver, l'un après l'autre, pour qu'on ait la chance de venir au monde. Et dans son blogue, il illustre bien la chance incroyable qu'on a d'exister : « Imaginez qu'il y a une bouée de sauvetage lancée quelque part au hasard dans l'océan et il y a seulement une tortue qui nage dans tous les océans. La probabilité que vous existiez aujourd'hui est la même que si cette tortue sortait sa tête de l'eau, et que du premier coup, elle se retrouve par hasard en plein milieu de la bouée. »

Wow… Arrêtons de lire et apprécions la chance ahurissante que nous avons d'exister.

…

…

…

…

Oui, oui, encore un peu.

…

…

…

Bon, c'est assez, je vous l'ai dit que je n'étais pas super patiente. Ha, ha !

Être vous : 1 chance sur 00000000000000000…

Le Dr Ali Binazir part d'un calcul assez simple : quelles sont les chances que votre père et votre mère se rencontrent ?

Il calcule que lorsque votre père est arrivé à l'âge de 25 ans, il avait en moyenne croisé 10 000 femmes différentes. En calculant le nombre de femmes qui étaient sur Terre à cette époque, on peut dire que les chances que votre mère fasse partie de ce groupe de femmes qu'il a rencontré sont de 1 sur 20 000.

Mais ensuite, il faut qu'ils tombent en amour et soient ensemble assez longtemps pour avoir des enfants. Selon son calcul de probabilités, on ajoute à tout ça une chance sur 2000.

Donc, si on combine, une chance sur 20 000 de se rencontrer et une chance sur 2000 d'ensuite tomber en amour et rester ensemble assez longtemps pour avoir des enfants. Nous sommes maintenant rendus à une chance sur 40 000 000 que vous avez d'exister.

C'est déjà incroyable. Mais le Dr Binazir ne s'arrête pas là. Le bon ovule doit rencontrer le bon spermatozoïde pour créer exactement ce que vous êtes. Sinon, ce n'est pas exactement vous, c'est votre sœur ou votre frère, mais ce n'est pas vous, vous, vous !

Alors là, le chiffre explose, nous sommes rendus à une chance sur 400 000 000 000 000 000 que VOUS soyez en vie.

Je vais vous avouer, je ne sais même pas comment ça s'appelle un nombre qui a 17 zéros. Et ce n'est pas à cause de mon AVC, je n'ai jamais été bonne en mathématique. Mais un 4 suivi de 17 zéros !!! C'est immense !

Et le pire, c'est que ça ne se termine pas là. Ce calcul était seulement pour vos parents, il faut faire le même exercice pour vos grands-parents, pour vos arrière-grands-parents et tous vos ancêtres. Si la chaîne brise à un endroit, vous n'êtes pas là. En 1745, une de vos ancêtres a mal à la tête un soir et refuse de faire l'amour, c'est terminé. Vous n'existez pas ! Pensez-y !

Alors, si on rajoute tous les ancêtres dans le calcul, il y a une chance sur 10, suivi de 45 000 zéros après qu'on existe.

À la fin du calcul, le chiffre est tellement hallucinant que le Dr Binazir annonce que les chances que l'on soit sur cette Terre correspondent à « pas mal » de zéros. Techniquement on ne devrait pas exister alors nous sommes tous précieux. Nous sommes des miracles. La chaîne d'événement qui a dû rester intacte pour que nous soyons sur cette Terre est tellement incroyable, fêtons ! NOUS SOMMES LÀ !

À bas les passe-temps !

Je sais encore plus qu'avant à quel point il faut apprécier le simple fait d'être là et à quel point aussi le temps est une ressource précieuse. Le temps n'est pas illimité, ne le gaspillons pas à s'inquiéter, se demander ce que les gens vont dire si on essaie quelque chose de nouveau, à faire des choses que nous n'aimons pas vraiment. Soyons écolos avec le temps. Arrêtons de le gaspiller.

C'est pour ça que je déteste le mot *passe-temps*. Les gens qui se trouvent un « passe-temps ». Un passe-temps, c'est en fait une activité pas toujours super intéressante, mais qui occupe assez l'esprit pour nous donner l'impression qu'on avance plus vite vers la mort. Parce que sans un passe-temps, maudit que c'est long la vie !

Ne vous trouvez pas des passe-temps, trouvez-vous des passions ! Essayez des choses et donnez-vous la chance de ne pas aimer ça. On juge souvent les gens qui essaient plusieurs choses et abandonnent. La personne s'achète une guitare, joue pendant six mois, décide qu'elle n'aime pas ça et la met de côté. Un an après, elle veut s'acheter un harmonica et on lui dit : « Ben là, arrange-toi pas pour faire comme avec ta guitare ! » Et puis après ? Il ne peut pas savoir s'il va aimer ça, s'il n'a jamais essayé.

À force de chercher, il va peut-être trouver une passion qui va le suivre tout le reste de sa vie. Ça va peut-être prendre 12 instruments avant de se rendre compte que, finalement, il n'aime pas la musique et que c'est le *scrapbooking* qui le passionne. Au lieu de juger les gens qui essaient beaucoup de choses, célébrons leur ténacité à trouver ce qui les fait vraiment « triper ».

Nous sommes là !!!! Même si ce n'est pas parfait, c'est déjà miraculeux. Nous sommes déjà des chanceux ! Nous sommes là ! Qu'on en profite jusqu'au bout.

Pour ne pas oublier la chance
qu'on a d'être là et d'en profiter

*« À la fin, ce n'est pas les années dans votre vie
qui comptent, mais la vie dans vos années.*

– Ralph Waldo Emerson

✳

*« En vieillissant, vous réaliserez
que les seules choses que vous regrettez
sont les choses que vous n'avez pas faites. »*

– Zachary Scott

✳

*« Si vous vous êtes réveillé en respirant, félicitations !
Vous avez une autre chance ! »*

– Andrea Boydston

✳

*« Vous ne vivez qu'une fois, mais si vous vivez bien,
une fois c'est bien assez. »*

– Adam Marshall

✳

*« Ne gardez jamais rien pour une occasion spéciale.
Être en vie, c'est déjà une occasion spéciale. »*

– Auteur inconnu

19

Le droit de ne pas trouver ça drôle

Bon, vous savez que je suis d'une nature joyeuse. J'essaie de nager dans le bonheur tous les jours, mais savez-vous quoi? Ce n'est pas drôle tous les jours. Il y a des moments où je trouve ça plus difficile et où je suis même écœurée. Certains jours, ça ne me tente pas de faire des efforts en écrivant ma liste d'épicerie. Mais je crois que c'est normal. Dans ce temps-là, je me rappelle que... Je dois être ma meilleure amie.

On ne peut pas toujours être joyeux et c'est correct. Et ce n'est pas parce qu'on a des jours où on voudrait juste «tout sacrer ça là» qu'on est quelqu'un de faible. Je trouve même que ces journées-là sont importantes. Ça nous permet souvent de nous poser certaines questions. De voir si on est sur la bonne voie avec nos choix ou est-ce qu'il faut explorer autre chose?

Si j'étais joyeuse 24 heures sur 24, ce serait la preuve que je ne suis pas une personne positive, mais plutôt une imbécile heureuse. Vous avez le droit à vos *down*, vivez-les, aimez-les, servez-vous-en pour aller plus loin ensuite. Comme le dit si bien mon ami et conférencier Marc Gervais: «*C'est dans les nuits les plus noires qu'on voit les plus belles étoiles.*»

Pour ne pas oublier l'importance des journées plus difficiles

« *Nul ne peut atteindre l'aube sans passer par le chemin de la nuit.* »

– Khalil Gibran

✳

« *La vie n'est pas toujours juste. Quelques fois on peut même avoir une écharde en glissant sur un arc-en-ciel.* »

– Cherralea Morgen

✳

« *I will survive !* »

– Gloria Gaynor

✳

20

Le cœur

Réfléchir avec le cœur plutôt qu'avec la tête est quelque chose qui m'a beaucoup aidée cette année. Ce livre, *Rebondir après l'épreuve,* et nos conférences, ce sont des décisions de cœur. J'avais beaucoup de conférences de planifiées des mois à l'avance bien avant mon AVC. Ne sachant pas à quelle vitesse je reviendrais sur pied, on n'osait pas tout annuler, on y allait un mois après l'autre. Chaque fois, j'avais le cœur gros de ne pouvoir donner telle ou telle conférence, car j'adore faire mes conférences et j'ai toujours hâte d'aller rencontrer les gens.

Les gens qui organisaient nos conférences ont commencé à voir apparaître Louis-Philippe sur nos petites vidéos. En voyant notre complicité, plusieurs ont eu la même idée en même temps : « Si Louis-Philippe vient

avec elle, peut-être sera-t-elle capable de faire sa conférence.» Au début, nous étions hésitants. Mon chum
ne fait pas ça dans la vie, et il n'est pas quelqu'un qui
aime beaucoup attirer l'attention, et moi, comment
pourrais-je faire une conférence avec le peu de mots
qui me restent?

Mais mon chum savait qu'il fallait le faire. Il sentait que ce serait bon pour moi. Non seulement ça me
sortirait de la maison, mais j'aurais aussi la preuve que
je n'ai pas tout perdu et que ma carrière peut encore
avancer. Ça me rassurerait de voir que tout ce que j'ai
bâti au cours des dernières années n'était pas anéanti.
Et en plus, être sur scène devant les gens, c'est comme
de l'orthophonie sur l'adrénaline, ça ne peut qu'être
bon pour moi!

La conférence n'était pas écrite, c'était «épeu-
rant», mais avant que la tête se mette à faire ses mille
et une objections, nous avons dit oui. C'est parti! Mon
chum s'est assis avec mes livres, et il a réfléchi à ce qu'on
pouvait faire avec tout ça. C'est là que *Rebondir après
l'épreuve* est né.

Le cœur! Si nous avions écouté notre tête, nous
aurions dit que c'était trop tôt. «On est peut-être
mieux d'écrire la conférence avant. Peut être qu'on doit
attendre quelques années que j'aie plus de mots.»

C'est quoi réfléchir avec le cœur?

Réfléchir avec son cœur, ce n'est pas un concept
totalement facile à comprendre, en fait, on sait tous que

ce n'est pas vraiment le cœur qui réfléchit. Mais pour moi, le cœur, c'est la partie du cerveau qui ne calcule pas, mais qui ressent. C'est la partie du cerveau qui sait très bien ce dont nous avons besoin. Est-ce qu'on doit laisser notre chum ou rester avec lui ? Est-ce qu'on doit changer de travail ? Est-ce qu'on devrait déménager dans une autre ville ? Notre cœur a toutes les réponses. Très souvent, nous le savons au fond de nous ce que nous devons faire pour être heureux. Le problème, c'est qu'ensuite, la tête embarque et nous fait peur. La tête arrive et s'interpose avec tous ces avertissements pour freiner notre élan.

La tête, c'est un peu le fusible du cœur. Le cœur s'emballe avec une idée extraordinaire, et tout d'un coup, quand c'est trop excitant, la tête se lance dans la partie et éteint tout. La tête ne tient pas à ce que vous soyez plus heureux (c'est l'impression que nous avons), ce qui est le plus important pour elle, c'est d'essayer de garder ce que vous avez.

La motivation n'existe pas

En faisant des recherches, nous sommes tombés sur un ouvrage d'une femme très intéressante qui s'appelle Mel Robbins et qui a écrit un livre sur la motivation. Ce livre s'intitule : *The 5 second rule : transform your life, work, and confidence with everyday courage.* Et selon elle, la motivation n'existe pas.

Ce qu'elle raconte dans son livre, c'est que nous ne sommes pas conçus biologiquement pour faire des choix difficiles.

Notre cerveau est fait pour nous protéger, et la meilleure façon de nous protéger, c'est de garder ce qu'on a et qui fonctionne «relativement» bien. Il va seulement faire des efforts si nous sommes obligés.

Et être heureux n'est pas une obligation pour le cerveau. Le cerveau se force quand c'est vraiment nécessaire pour notre survie. Il attend à la dernière minute. C'est pourquoi la motivation de faire du jogging nous vient toujours quand on a l'impression qu'on est à une semaine de faire une crise de cœur. De même, la motivation d'arrêter de fumer nous vient seulement quand on tousse et qu'on se dit qu'on a peut-être un cancer. La motivation de trouver un autre emploi est rarement assez forte pour nous pousser à vraiment le faire, sauf si le patron nous dit qu'il nous reste deux semaines et que notre contrat finit. Notre cerveau s'active quand il est vraiment obligé.

Je ne suis pas courageuse

Donc, je ne suis pas courageuse. Je n'étais pas courageuse quand j'ai fait des exercices pour recommencer à marcher. Je n'étais pas courageuse à l'hôpital quand on effectuait tous ces tests sur moi. Je n'étais pas courageuse quand je faisais de l'orthophonie toutes les semaines pour réapprendre à parler. Je n'étais pas courageuse parce que, confrontée à la nécessité de faire ces choses, je l'ai fait. Je n'étais pas courageuse parce que j'étais dans l'obligation de le faire pour ma survie.

Savez-vous qui est courageux ? Les gens qui suivent leur cœur alors que la tête n'aide pas. Comme les gens en santé qui commencent à jogger pour la première fois à 40 ans, juste parce qu'ils veulent rester en forme. Les gens qui arrêtent de fumer alors qu'ils n'ont pas encore la petite toux creuse. Les gens qui décident de changer d'emploi même s'ils ont de bonnes assurances pour les soins dentaires et des lunettes gratuites, et ce, juste parce qu'ils sentent qu'ils ont fait le « tour du jardin » et qu'ils doivent essayer autre chose.

Comment court-circuiter la tête

Selon Mel Robbins, le problème est l'hésitation. Notre cœur sait ce qui est bon pour nous, on arrive pour le faire, mais la tête interfère et dit : « As-tu bien pensé à toutes les conséquences de ton geste ? » (Eh oui, la tête c'est un peu comme un genre de maman inquiète qui te donne un million de mises en garde.)

Donc, on dégonfle, on se dit : *Ah, je vais laisser faire.* Et peut être qu'on manque une belle opportunité.

Le truc de Mel Robbins, c'est de couper les hésitations pour éviter que la tête vienne nous faire flancher dans notre enthousiasme, au moment d'agir. Donc, quand on sait qu'il y a quelque chose qu'on doit faire pour être heureux, on compte : 5, 4, 3, 2, 1, et bang, on fait immédiatement un geste irréversible qui « part l'affaire ».

T'es pas heureux dans ton emploi : 5-4-3-2-1… tu écris un courriel à ton patron : « On peut-tu se parler aujourd'hui, je ne suis pas heureux. » C'est parti, tu ne peux pas reculer.

Le bon moment n'existe pas

La pire phrase pour ne rien faire c'est : « J'attends le bon moment ! »

– Je veux faire telle affaire cette année, c'est sûr !

– Tu le fais quand ?

– Je ne le sais pas, j'attends le bon moment.

Attendre le bon moment, c'est un synonyme de : « Je vais vous casser les oreilles avec ça toute l'année, mais jamais je ne vais le faire. »

Vous voulez commencer à jogger ? N'attendez pas la motivation de le faire, ça ne viendra pas. « Ouin, cette année je vais courir, j'ai acheté des espadrilles, j'attends juste le bon moment pour vraiment commencer. »

On attend le bon moment parce qu'on a l'impression qu'un matin on va se lever, le soleil va être plus jaune, notre jus d'orange va nous donner une énergie incroyable, nos souliers de course vont allumer dans la garde-robe. Et là, ça va être incroyable, on va commencer à courir, et c'est fait, on est un joggeur en santé à partir de ce moment-là.

Ça n'arrivera jamais ! Le bon moment c'est maintenant ! Là ! Présentement ! Déposez le livre et votre tasse de thé vert qui vous donne bonne conscience parce que vous avez l'impression de «quand même» vous occuper de votre santé en buvant ça. Maintenant allez mettre vos baskets, allez courir et ensuite écrivez-moi sur Facebook pour me dire que vous l'avez fait. Allez-y, maintenant! Lâchez le livre!!!! Ça ne sert à rien de lire un livre après l'autre sur la façon d'atteindre le bonheur si on ne suit pas les conseils! Envoyez, déposez ce livre et faites quelque chose maintenant! Vous reviendrez lire la suite quand ce sera fait.

(*Musique d'interlude. Prenez votre temps, un livre c'est très patient.*)

La meilleure façon de commencer quelque chose, c'est de commencer. La meilleure façon d'arrêter quelque chose, c'est d'arrêter. Même si c'est difficile, ça ne sera pas plus facile dans deux mois, même que ça risque d'être plus dur. Le bon moment n'existe pas. Il ne viendra jamais. C'est seulement réconfortant de remettre votre décision à plus tard avec la justification : «J'attends le bon moment.»

Si vous voulez arrêter de fumer cette année, vous attendez sûrement le bon moment. Parce que là, c'est l'été, vous n'allez pas vous «faire chier» avec ça pendant les vacances. Alors en septembre peut-être, mais septembre arrive, vous allez recommencer à travailler, c'est pas le temps d'être stressé parce que vous arrêtez de fumer. Donc, vous remettez cela plus tard à l'automne, mais l'automne, c'est gris, c'est dépressif, c'est pas le temps d'en rajouter une couche avec ça. Donc vous reportez encore à plus tard, mais bon, pas pendant la période des fêtes par exemple… On ne va pas gaspiller Noël en arrêtant de fumer en même temps…

Le bon moment va arriver savez-vous quand? Quand votre médecin va vous dire que vous devez arrêter parce que vous êtes malade. Ça va être ça, votre motivation. Donc, si vous voulez cesser de fumer, le bon moment est maintenant. Là! Alors, déposez ce livre, prenez votre paquet de cigarettes, et allez le vider dans la toilette. Même si ce n'est pas des plus écologiques, n'hésitez pas! GO!!! Prenez une photo et envoyez-la-moi. On va être une «gang» sur Facebook à vous dire bravo!!!! Y'a pas de meilleur moment que celui-ci. Finissez-le même pas!!! C'est encore mieux! Envoyez promener la cigarette en jetant votre paquet à moitié plein! Arrêtez de penser! Go!!! Là!

(J'attends, allez-y.)

Le bon moment n'existe pas, le bon moment est à l'instant même où vous réalisez qu'il faut le faire. Nous avons décidé d'appliquer cette méthode pour les conférences et l'écriture de *Rebondir après l'épreuve*. Nous savions qu'à deux, nous pourrions le faire, alors avant d'avoir peur et de reculer, nous avons dit oui. Ensuite on s'est débrouillés pour que ça fonctionne et on en est très heureux.

La liste des pour et des contre

Mon chum, qui est plutôt cartésien, a de la difficulté à comprendre la différence entre le cœur et la tête. Et je trouve que la meilleure façon de voir la différence, c'est en regardant les fameuses listes qu'on fait souvent pour nous aider à prendre une décision. Les fameuses listes des «pour et des contre».

En fait, ce n'est pas tant «pour *vs* contre», mais «cœur *vs* tête».

Par exemple, on veut changer d'emploi.

Pour (le cœur)

Je suis fatigué d'avoir un emploi où chaque jour c'est la même chose.

J'ai besoin d'être quelque part où je me sens apprécié.

Je veux me sentir motivé le matin parce que j'ai des défis à relever dans ma journée.

J'ai besoin de me mettre en danger et voir ce que je peux accomplir. J'ai juste une vie, pourquoi pas?

Contre (la tête)

Je vais perdre mon assurance avec les lunettes gratuites et les soins dentaires.

Si je n'aime pas le nouveau job, je ne pourrai pas revenir à l'ancien. Je vais peut-être le regretter.

Je ne serai peut-être pas très bonne. Je suis peut-être juste capable de faire ce que je fais déjà.

Mes amis vont me juger de quitter un emploi stable.

Vous voyez? Ce n'est pas une liste des pour et des contre. C'est une liste du cœur *vs* la tête.

La nouvelle liste : les contre et les pour

Ma grande question : Qui a décidé que ça devait s'appeler une liste des pour et des contre ? Pourquoi avoir mis les contre en deuxième ? C'est comme si c'était vraiment « arrangé » pour qu'on finisse avec les contre, soit l'aspect négatif, et qu'on ait le goût d'abandonner.

C'est pourquoi je revendique une nouvelle façon de procéder par la liste : <u>Les contre et les pour</u> !

Eh oui, on commence avec les contre qui nous donnent envie de laisser tomber, et on termine avec les pour, qui nous excitent, nous motivent à agir, et nous font sentir vivant !

Regardez la même liste qu'on a faite plus tôt, mais avec ce nouveau concept des contre et des pour :

Contre (la tête)

Je vais perdre mon assurance avec les lunettes gratuites et les soins dentaires.

Si je n'aime pas le nouveau job, je ne pourrai pas revenir à l'ancien. Je vais peut-être le regretter.

Je ne serai peut-être pas très bonne. Je suis peut-être juste capable de faire ce que je fais déjà.

Mes amis vont me juger de quitter un emploi stable.

Pour (le cœur)

Je suis fatigué d'avoir un emploi où chaque jour, c'est la même chose.

J'ai besoin d'être quelque part où je me sens apprécié.

Je veux me sentir motivé le matin parce que j'ai des défis à relever dans ma journée.

J'ai besoin de me mettre en danger et voir ce que je peux accomplir. J'ai juste une vie, pourquoi pas?

Avouez que soupeser les contre avant les pour, dans cet ordre, cela nous donne beaucoup plus le goût d'oser suivre notre cœur.

Les échecs

C'est sûr qu'on peut suivre son cœur et faire des erreurs. Le cœur n'est pas infaillible. Mais savez-vous quoi? J'ai l'impression que c'est beaucoup moins dramatique ou dommageable de se tromper quand on sait qu'on a suivi notre cœur plutôt que de se fier à notre tête qui invoque toutes les sempiternelles raisons de ne pas oser tenter autre chose.

Et puis les erreurs et les échecs font partie de la vie. Je ne suis pas à l'abri, j'en ai fait plein! Deux choses m'aident à passer par-dessus les erreurs et les échecs.

Avoir la conviction que personne n'est à l'abri des erreurs. La seule façon de ne pas faire d'erreurs c'est de ne rien essayer, et même ça, ce serait une erreur en soi. Mais avez-vous remarqué, on se prépare à tout dans la vie, sauf à la vie elle-même. On se prépare pour faire un voyage, on se prépare pour le monde du travail en allant à l'école pendant des années, on se prépare pour tout, tout, tout, sauf pour la vie elle-même.

Personne n'a reçu un cours avant de venir au monde. On apprend tous sur le tas. Avouez que ce serait parfait d'avoir une répétition pour la vie. Une vie de pratique. On fait des erreurs, on essaie certaines choses, et quand on se sent prêt, on se lance pour de vrai. Eh bien non ! Ça ne fonctionne pas comme ça.

Alors les gens qui font de grandes choses sans jamais se tromper en chemin, je n'y crois pas du tout. Personne ne va me faire croire qu'on peut passer à travers la vie et toutes ses complexités, pour la première fois, sans jamais faire un mauvais choix. Les gens qui vous laissent croire qu'ils sont allés directement au succès sans jamais faire de faux pas tout au long de leur parcours : ils vous ont tout simplement menti.

Le regard des autres

Je trouve que ce qui nous bloque le plus dans notre désir d'essayer des choses, c'est le regard des autres. On voudrait laisser un emploi stable pour tenter de relever un défi plus risqué, mais là on se dit : *Qu'est-ce que ma mère va dire ? Qu'est-ce que mon beau-frère va dire ?* Et si je réalise que mon choix était finalement une erreur, tout le monde va affirmer : « Je le savais qu'elle n'aurait pas dû faire ça… blablabla ».

On est tous comme ça… On se laisse influencer par le « maudit regard » des autres sur nous et ça nous freine. Mais la plupart du temps, les gens ne disent même pas ce qu'on imagine, nous leur prêtons ces intentions. Je pense que la première chose à faire pour suivre son cœur, c'est vivre pour soi. Se libérer de ce que les autres pensent. Si vous sentez que vous devez essayer quelque chose, faites-le. Et si vous vous trompez et que ça s'avère être une grosse erreur, vous sortirez la fameuse autodérision dont on a parlé dans le chapitre sur l'humour, plus tôt.

Vous rirez en disant : « Ben finalement, ouvrir un club vidéo en 2017, c'était pas une bonne idée. Donc, je pense que je vais aussi abandonner ma fameuse idée de devenir forgeron. »

Les « je le savais »

Ne mettez pas votre vie sur pause… votre seule vie en passant… à cause de votre beau-frère qui est un « je le savais ».

Un « je le savais », c'est un peu comme les gens qui ne font rien de leur vie, mais qui savent tout sur celle des autres. « Je le savais que c'était cave son idée de déménager en campagne ! Je le savais qu'elle aurait dû rester avec son chum ! Je le savais qu'elle ne serait pas capable de tenir un mois sans fumer ! Je le savais qu'elle n'aimerait pas ça faire un voyage toute seule ! »

Il sait tout, tout, tout… mais nous, ce qu'on sait, c'est qu'il devrait « se la fermer » et s'occuper de sa propre vie au lieu de critiquer la nôtre. Est-ce qu'il a un doctorat en choix de vie pour savoir « toute » comme ça ? Je ne crois pas.

Y'a pas de réussites sans échecs

De toute façon, il n'y a pas de réussites sans échecs. Si vous n'avez aucun échec, c'est que vous n'essayez jamais rien. Et si vous n'essayez jamais rien, vous ne réussirez jamais rien. Ne pas tenter sa chance sur rien, c'est la meilleure façon de ne pas faire d'erreurs, mais de ne pas avancer non plus.

Si un joueur de hockey tirait seulement au but quand il est 100 % sûr de marquer, la plupart des parties finiraient 0-0.

Je crois même qu'il faut faire un certain nombre d'erreurs pour apprendre assez de choses pour pouvoir réussir. Donc, à chaque erreur, on se rapproche de notre but. Faut tomber un certain nombre de fois avant d'apprendre à marcher. Par conséquent, un échec ou une erreur, c'est super, tu t'approches du but. Celui qui n'ose pas faire d'erreurs est loin derrière toi.

Moi je n'ai plus le choix, je dois oser me tromper. C'est plus facile pour moi que pour quelqu'un qui est dans le confort. C'est la « chance » que me donne mon AVC, je ne parle pas ici de courage, j'essaie juste de m'en sortir. Mais n'attendez pas de subir une grosse épreuve, sautez à pieds joints avec bonheur sur cette occasion de frapper des échecs, en vous disant que, lentement mais sûrement, vous approchez de votre but.

« Ah pis d'la marde, on le fait ! »

Vous reconnaissez bien ici mon franc-parler, n'est-ce pas ? Et pourtant c'est vrai, je crois que les plus belles expériences que j'ai vécues, c'est quand je me suis exclamée dans ces mots : « Ah pis d'la marde, on le fait ! »

Les plus beaux voyages ont été faits sur une invitation venue de nulle part (ou je ne suis pas sûre) et finalement : « Ah pis d'la marde, on y va ! »

« Ah pis d'la marde, on déménage ! Ah pis d'la marde ! »

C'est une façon de dire à la tête : « Ferme-la, je le fais, ça me tente, et on verra ! »

Si un jour je suis reconnue comme une grande philosophe, je voudrais que ce soit ma citation.

« Ah pis d'la marde, on le fait ! » De Josée Boudreault 1969-2098 (je suis optimiste, ha, ha !)

**Citations pour ne pas oublier l'importance
de suivre son cœur, faire ce qui est important
pour nous sans penser à ce que les autres
vont en dire et, c'est spécial, mais :
ne pas voir les échecs comme des échecs !**

*« Il y a une étoile mise dans le ciel pour chacun
de nous, assez éloignée pour que nos erreurs
ne viennent jamais la ternir. »*

– Christian Bobin

✳

*« La plupart des gens préfèrent
être certains d'être misérables
plutôt que de risquer d'être heureux. »*

– Robert Anthony

✳

*« Quand quelque chose est assez important
pour vous, faites-le même si les probabilités
ne sont pas en votre faveur. »*

– Elon Musk, créateur de la Tesla

✳

*« Se mettre des buts, c'est le premier pas
pour rendre l'invisible visible. »*

– Tony Robbins

✳

« *Le secret pour finir en tête,
c'est de commencer.* »

– Mark Twain

✳

« *Si vous n'aimez pas les choses telles
qu'elles sont, changez-les !
Vous n'êtes quand même pas un arbre !* »

– Jim Rohn

✳

« *Un but c'est un rêve avec un " deadline ".*

– Napoleon Hill

✳

« *Le succès consiste à aller d'échec en échec
sans perdre d'enthousiasme.* »

– Winston Churchill

✳

21

Je continue de rebondir…

J'ai partagé avec vous, en toute humilité, mon petit guide du bonheur. Je n'ai pas un doctorat en épreuves. Je ne suis qu'une femme comme vous qui a vécu un événement qui a transformé sa vie à jamais. Jour après jour, je rencontre des gens qui passent à travers des événements beaucoup plus dramatiques que moi. J'aime leur parler, j'apprends beaucoup de ces personnes. Je me rends compte à quel point la résilience est une ressource que certaines personnes semblent posséder en quantité illimitée.

Chaque personne développe ses propres trucs pour passer à travers les difficultés de la vie avec un sourire. Je vous ai présenté ce qui pour moi a fait une différence. Peut-être que certains trucs fonctionneront aussi pour vous.

Moi, j'ai eu la preuve le 18 février 2017 que ce n'est pas parce qu'on recule un peu qu'on n'avance pas. Il faut fléchir les genoux pour mieux rebondir.

Il faut reculer pour prendre un élan.

Parfois, il faut arrêter d'avancer pour retrouver son chemin. Et finalement même devoir revenir sur ses pas pour atteindre sa destination.

La vie n'est pas une ligne droite… c'est une série de détours, d'embouteillages, de surprises bonnes et mauvaises.

La vie ce n'est pas facile, mais j'ai appris en parlant à des gens qui ont vécu des épreuves beaucoup plus grandes que la mienne qu'on est très forts. Avec la patience, on peut faire de grandes choses.

Tout comme vous, je n'ai pas fini d'affronter des épreuves. Si j'ai la chance de vivre encore longtemps, je vais en subir et en surmonter aussi tout plein ! Mais je vais tout faire pour me souvenir que le bonheur est un choix. Qu'il faut sourire avant d'être heureux. Que juste exister, c'est déjà un miracle en soi.

Et je vais continuer d'arrêter le temps. Comme dans la piscine du Westin, sous un ciel étoilé avec mes trois filles et mon Louis-Phil. Arrêter le temps, réaliser ma chance, remplir ma tête d'images de bonheur pour les jours plus difficiles.

Arrêter le temps…

Et justement, merci d'avoir pris le temps de me lire, j'espère que ce n'était pas seulement pour passer le temps, mais que c'était au moins un peu passionnant. ;)

Pour ne pas oublier que les enfants sont souvent les plus grands philosophes

J'ai parsemé ce livre de citations inspirantes. Mais la meilleure phrase pour atteindre le bonheur m'a été donnée par Flavie, ma petite rousse de six ans.

Flavie, ma plus grande philosophe

Cet été, Flavie joue au soccer et il faut dire la vérité, elle n'est pas la meilleure joueuse. Elle ne comprend pas trop ce qui se passe, elle jogge autour des gens qui ont le ballon, et elle a un talent immense pour se mettre dans une position afin que ce fameux ballon ne vienne pas à elle. Si par malheur il lui arrive dans les jambes, elle s'en débarrasse comme s'il s'agissait de la peste.

Mais elle a toujours un grand sourire en jouant, parce qu'elle a compris ce qu'est le bonheur.

L'important n'est pas de gagner mais de finir avec un Popsicle

Eh oui, l'important n'est pas de gagner, mais de finir avec un Popsicle !

En fait, ça résume tout. Le bonheur est différent pour chacun. On court souvent après des choses qu'on ne veut pas vraiment, juste pour être comme tout le monde ou pour faire plaisir aux autres. Dans le fond, pour atteindre le bonheur, il faut se demander ce qu'on veut vraiment, nous, pour nous. Et quand on l'a trouvé, il faut l'assumer à 100 %, faire tout ce qu'on peut pour l'atteindre, et surtout ne pas le lâcher.

Je vous souhaite vous aussi le bonheur et de trouver VOTRE Popsicle.

« On lâche pas ! »

JOSÉE BOUDREAULT

À propos des auteurs

JOSÉE BOUDREAULT est originaire du Saguenay – Lac-Saint-Jean et gravite dans le monde des médias depuis plus de 25 ans. Elle a participé à de nombreuses émissions à la télé dont *Deux filles le matin*, *Sucré salé*, *Pas si bête que ça !*, *Atomes crochus* et *Duo*… À la radio, elle a côtoyé Peter MacLeod, Pierre Pagé et Véronique Cloutier, entre autres.

LOUIS-PHILIPPE RIVARD est originaire de Trois-Rivières et est scripteur humoristique depuis plus de 20 ans. Il a script-édité une quinzaine de spectacles d'humour dont ceux de Peter MacLeod, Michel Barrette, Marc Dupré, Véronic Dicaire, P-A Méthot et Dominic Paquet. Il a remporté un Félix pour l'écriture du premier spectacle de Lise Dion. Il a aussi collaboré à la télé pour *Le Poing J*, *L'Écuyer*, a écrit des sketchs pour trois *Bye Bye*, *Deux hommes en or*, *Taxi 0-22*, les Gémeaux, et plusieurs autres.

Pour communiquer avec les auteurs, visitez le site :
www.joseeboudreault.com

Allez aimer ma page officielle sur f
ou celle de Louis-Philippe Rivard.
Pour nous écouter, nous produisons chaque semaine
une émission de radio en baladodiffusion intitulée
Maintenant que les enfants sont couchés,
diffusée sur iTunes, SoundCloud
et Stitcher.

Pour toute demande de conférences corporatives,
contactez Marc Gervais : **marc@marcgervais.com**

Liens utiles

*J*nformez-vous et donnez généreusement à la Fondation des maladies du cœur et de L'AVC. Puisque vous avez du cœur et que vous connaissez quelqu'un qui a éprouvé certains malaises cardiaques, consultez ce site, vous vous sauverez peut-être un jour vous-même ou quelqu'un que vous aimez.

www.coeuretavc.ca

L'aphasie est un trouble du langage très complexe et des personnes travaillent très fort pour surmonter leur handicap. Allez voir le site du théâtre aphasique et encouragez-les. Ils sont beaux à voir.

http://theatreaphasique.org

L'Association québécoise des personnes aphasiques (AQPA) offre du soutien. Ils font tout pour aider les gens à retrouver leur autonomie, briser l'isolement, etc.

www.Aphasie.ca

Le 2ᵉ AVC

Au moment de mettre sous presse, le mardi 5 septembre 2017, Josée a malheureusement subi un 2ᵉ AVC. Cette fois, cet accident vasculaire cérébral serait une conséquence de l'opération qui lui a sauvé la vie la première fois, un peu ironique, n'est-ce pas? Eh oui, l'artère qui a été utilisée pour sortir le premier caillot de son cerveau aurait été fragilisée, ce qui aurait causé cet événement.

Heureusement, j'étais à la maison avec elle lorsque les signes ont fait leur apparition et j'ai pu appeler le 911 immédiatement. Conséquence de notre temps de réaction très rapide, les séquelles au cerveau sont cette fois-ci microscopiques. Encore une fois, nous pouvons dire que nous sommes chanceux dans notre malchance.

Josée a commencé à paralyser de la main droite et pendant les petites 10 minutes où nous avons attendu l'ambulance, tout s'est rapidement dégradé. C'est tout le bras droit qui a cessé de bouger et la vision de son œil droit était presque nulle. Ce furent des moments très stressants, j'ai tellement eu peur que ce 2ᵉ AVC la fasse reculer et que tous les efforts qu'elle a déployés cette année se retrouvent anéantis.

Heureusement, lorsque le très fort anticoagulant lui fut administré à l'hôpital, en une vingtaine de minutes seulement, tout revenait à la normale.

Aujourd'hui, nous sommes le 11 septembre 2017, Josée est sortie de l'hôpital et va merveilleusement bien. Elle se sent plus en forme que jamais et nous sommes optimistes que cet incident n'est qu'un petit détour dans sa quête du bonheur.

On ne connaît pas l'avenir, et peut-être que lorsque vous lirez ces mots, nos vies auront basculé de nouveau. Qui sait ? Mais déjà en quelques jours, j'ai vu ma Josée retrouver son sourire et son enthousiasme débordant. Encore plus qu'avant, j'ai vu à quel point elle avait la capacité de rebondir face aux épreuves. Ce qui, pour moi, rend ce livre encore plus fort.

Ce matin, Josée vous lance un beau «On lâche pas !!!», plus convaincue que jamais.

Louis-Philippe